RESA I TIDEN

Copyright © Leif Södergren 2014
Omslagsfoto och design Leif Södergren

ISBN 978-91-982015-0-5

Ett speciellt tack till Marie Pagil.

LEMONGULCHBOOKS
www.lemongulchbooks.com

Till Donnie.
He knows why.

Andra böcker
av Leif Södergren:

NÄRBILDER
GÖTEBORG

MY DARLING OLGA:
Folke Jonsson Letters 1909-1961

OLGA & FOLKE:
En bilderbok från en svunnen tid
1909-1978

THE OLGA & FOLKE PICTURE BOOK:
A Pictorial Companion to
"My Darling Olga"

Översättning:
SKANDALEN OM JIMMY JONES
En godnattsaga för vuxna
av Donovan O'Malley

RESA I TIDEN

Leif Södergren

INNEHÅLL

1 TANT INGEBORG

8 VASAGATAN 5 A

17 INNANFÖNSTER

19 VILA I JORD

21 GOLVLAMPA PÅ FEL STÄLLE

24 NUNNOR I GÖTEBORG

29 OLGA OCH LINNÉA

40 LANDALASKOLAN

45 FARFAR VIKTOR BERÄTTAR

51 AMERIKANSK FRUKOST

54 PERSPEKTIV 1988

56 DIREKTÖRSKAN

60 ANGELA FRÅN LONDON

62 EN LIMPA

64 ACH LISELOTTE...

67 SLÄKTEN ÄR VÄRST

71 FILMFESTIVAL I GÖTEBORG

73 EN ALUMINIUMKASTRULL

77 KONDUKTÖR 1965

80   MORMOR OLGA OCH MORFAR FOLKE

98   CENTIMETER SOM RÄKNAS

101 PISTOLSKOTT PÅ STADSTEATERN

103 GANSKA NÖJD FAKTISKT

108 HEL OCH REN

111 FOLKE I LONDON 1931

116 ALBUM NUMMER FJORTON

117 VITA NYLONSKJORTOR 1964

121 GÅVOR FRÅN SYDAMERIKA

123 "C44 KNÄHÖJD"

124 MITT FYLLO

126 FUNDERINGAR KRING EN GRÖN DAM

129 BRA ATT HA

131 DAMERNAS DETEKTIVBYRÅ

133 SHALIMAR OCH LINOLJA

139 ETT KLASSAMHÄLLE

143 DEN EGENDOMLIGE DOKTOR BERG

147 ÄGGET I KUNGSPARKEN

150 KOKT KAFFE OCH KRAMAR

TANT INGEBORG

Tant Ingeborg och jag hade en sak gemensamt. Vi var båda "utanför". Jag var ett barn som skulle synas men inte höras. Hon var en städtant som varken skulle synas eller höras. En gång i veckan promenerade hon från Kapellplatsen i Landala till oss på Vasagatan och strök en stor hög med tvätt.

Hon höll till i ett litet oventilerat rum nära köket som vi kallade för "skräpkammaren". Idag skulle man nog kalla att sådant utrymme för "förråd". Det var belamrat från golv till tak med lådor och hushållsmaskiner, bonvax och dilutin och mattpiskor.

Dörren till skräpkammaren var alltid stängd, men när tant Ingeborg kom för att stryka tvätt var dörren på vid gavel för ventilationens skull. Tant Ingeborg pratade gärna med oss barn och vi pratade gärna med henne. Jag hade min favoritplats mellan strykbordet och dammsugaren som hängde på väggen.

Vi hade mycket att prata om. Tant Ingeborg var en vuxen person som talade till mig som om jag var vuxen. Detta var spännande och ovanligt. Pappa var aldrig speciellt intresserad att svara på barnens ideliga frågor och vi fick ofta ett nonsenssvar som "Pettersson". Barn skulle som sagts, synas men inte höras.

Ett fyrkantigt träbord belagt med gamla beiga yllefiltar och lakan fungerade som strykbord. Bakom tant Ingeborg låg en rejäl hög med dänkt tvätt. All tvätt måste dänkas (fuktas med vatten), en del säger stänka, eftersom man på den tiden inte hade ångstrykjärn. En vattenflaska med perforerad skruvkork av metall användes som dänkflaska.

Innan tant Ingeborg kom, hade mamma dänkt en hög med tvätt och varje plagg hade rullats ihop så att kläderna skulle vara jämnt fuktiga och på så sätt bli lättare att stryka. Jag undrar vad som skulle ha hänt med den där fuktiga dänkta tvätthögen om tant Ingeborg inte kommit som hon sagt. Hade tvätten blivit liggande och blivit möglig kanske? Nej, då hade mamma naturligtvis gjort det själv. Hon var aldrig rädd för att ta itu med vad som behövdes.

Men tant Ingeborg kom alltid som utlovat. Och dänkflaskan fanns tillhands om det behövdes några extra stänk. Jag fyllde på flaskan när den blev tom. Glatt tog tant Ingeborg itu med ett berg av skrynklig dänkt tvätt. Detta fuktiga kaos förvandlades, plagg efter plagg, till strukna och fint ihopvikta små mästerverk. Det mest banala klädesplagg behandlades av tant Ingeborg som den finaste frackskjorta. Här fanns inget utrymme för kompromisser. Det var så här tant Ingeborg ville ha det. Hon njöt av att utföra ett gediget arbete. Hon var lite av en perfektionist.

En turban, egentligen en scarf knuten runt huvudet som kvinnor hade när de arbetade, prydde tant Ingeborgs vågiga gråa och tunna hår. Smink var något helt otänkbart för henne. Från de korta ärmarna på städrocken rörde sig hennes vita, och för hennes ålder, fasta armar, ingen söndersolad hud här inte!

Moderna människor kanske inte vet vad Dilutin, mattpiskor, bonvax och dänkt tvätt är, allt det där som omgav tant Ingeborg i skräpkammaren.

Parkettgolven på den tiden var insmorda med bonvax och därefter polerades (bonades) golven med en elektrisk golvbonare så att de blev riktigt blanka. Dilutin var en kemikalie, släkt med nacklafta, som användes till rengöring, fläckborttagning, eller att ta bort överflödigt bonvax. Dilutin fanns i alla hem. Min energiska mamma kunde lägga sig på alla fyra och rengöra parkettgolven med Dilutin, för att sedan vaxa dem igen och därefter polera dem -- alla tvåhundra kvadratmer parkettgolv. Mamma hade otrolig energi och styrka, samtidigt som hon kunde vara en synnerligen elegant dam i höga klackar. Men hon var lättad när tant Ingeborg tog hand om stryktvätten.

Strykjärnet navigerades med beundransvärd precision. Vid sjuttio hade tant Ingeborg fortfarande grace och energi i sina rörelser och man anade ett mått av ysterhet i den gamla kvinnan. Pigga ögon höll ordning på det minsta oönskade veck. De stora vita och mjuka händerna slätade ut och rätade till tvätten graciöst och bestämt. Stolt såg hon högen med dänkt tvätt minska och den prydliga högen med nystruken tvätt växa.

Tio kronor, inte mer och inte mindre. Det var vad tant Ingeborg ville ha betalt för en dags arbete. Hon blev förnärmad när mamma försökte ge henne mer betalt. Hon hade ju sin pension, varför skulle hon begära mer? Hon tänkte på ett annorlunda sätt helt enkelt, på ett helt annat sätt än vad vi gör idag. "Frossare och drinkare skola fattiga varda" brukade hon glatt deklarera. Det var ett talesätt som passade in på många samtalsämnen. Jag undrar också om inte tant Ingeborg var lite orolig att hamna i kategorin "frossare" om hon tog mer betalt.

Jag förstod inte riktigt vad det innebar att vara en frossare, men det lät väldans hemskt. Straffet för frosseri var fattigdom och för tant Ingeborgs generation var det en verklighet. Utan socialt skyddsnät var fattigdom något man fått känna av och skydde. De som idag lever på lånade pengar och om söndagar driver omkring i butiker och söker efter "något bra att ha" skulle tant Ingeborg förmodligen klassificera som moderna frossare. Och fattiga har en del av dem blivit, de som tagit stora lån och fått lämna hus och hem med skulder som de får betala livet ut.

Den sociala kontakten med oss var nog viktig för tant Ingeborg. Hon berättade ofta och mycket engagerande om sina syskon. Två bröder som av någon anledning inte kunde eller inte ville arbeta bodde ihop med två ogifta systrar. Det var på den tiden då man inte kände till begrepp som förtidspension, föräldrapenning eller sjukbidrag. Försörjningsbördan för dessa två bröder delades solidariskt mellan de sju övriga syskonen som om det vore den mest naturliga sak i världen.

Mest berättade tant Ingeborg om sin sockersjuka, lätt koleriska och överviktiga syster Svea som dominerade familjen. Tant Ingeborg hade en inlevelse och humor i sina beskrivningar och det var inte annat än att jag också blev lite rädd för Svea och hennes temperament.

Märkbart road var tant Ingeborg när hon berättade om herr Bratt, en svordomsglad och så kallad, "fin herre" som hon arbetade hos ibland. När han svor vilt protesterade hon: "Varje svordom blir en spik i min likkista herr

Bratt!" och tant Ingeborg berättade att den fine herr Bratt då svarat: "Då blir hon b-mej väl igenspikad!"

Ibland sjöng tant Ingeborg en spansk religös sång som jag imiterade, förmodligen helt förvrängd men jag kommer fortfarande ihåg de första orden: "Hello tello tantevale..." Jag tror att jag då hade lika roligt vid strykbordet som mina syskonbarn har vid sina datorspel idag.

Tant Ingeborg talade ofta om "Hansson". Något förnamn fick aldrig denne Hansson, han förblev bara "Hansson". Tant Ingeborg hade, som man sa på den tiden, "ägnat sitt liv" åt honom.

Osjälviskhet. Det är ett begrepp som knappast finns längre. Men det fanns då. Det var vanligt att t.ex sjuksköterskor kände ett kall att vårda sjuka. Och tant Ingeborg som var en kristen, god och moralisk kvinna, hade bott som en slags inneboende hjälp hos en man med namnet Hansson. De var inte gifta. De var inte sambo. Ordet fanns inte då. Att leva som sambo hade varit syndigt och för tant Ingeborg helt otänkbart. Hon sov i den utdragsbara kökssoffan. Hansson sov i vardagsrummet. När Hansson behövde sina adrenalininjektioner, han var svårt asmatisk, fanns tant Ingeborg alltid till hands. Men hur hade tant Ingeborg hamnat som ogift lågavlönad hjälp åt Hansson?

Vid ett tillfälle berättade hon om en sommar när hon som ung kvinna lovat att ta hand om Hansson. Men bara över sommaren. Det blev livet ut tills Hansson dog. Hon kunde inte lämna denne man som behövde konstant vaksamhet, närvaro och hjälp.

De bodde i ett rum och kök i en typisk arbetarlägenhet i stadsdelen Landala i Göteborg. Utedass fanns på gården, badrum saknades och tvätta sig fick man göra i köket. Där fanns en kallvattenkran. Vatten värmdes på vedspisen eller på det lilla tvålågiga gasköket. När tant Ingeborg var hos oss kunde hon säga: "Nu passar jag på att torka av golvet när jag har lite gott vatten". Idag tar vi för givet att det finns fjärrvärme och hur mycket varmvatten som helst. Men då var det annorlunda.

Det var så här vanliga människor levde. I små trånga obekväma lägenheter. De som hade barn fick tränga ihop sig ännu mer än tant Ingeborg och Hansson. Om man ville bada, kunde det göras i tvättstugan i källaren eller på en badinrättning på sta'n.

Lägenheten hölls varm genom att man eldade i kakelugnen i vardagsrummet och i vedspisen i köket. Ved fanns att köpa färdigkluven på ett vedupplag i närheten eller så fick man ordna det själv på ett annat billigare sätt.

Sedan Hansson dött, arbetade tant Ingeborg på porslinsavdelningen på varuhuset Ferdinand Lundquist (numera NK), ett gammaldags och rejält varuhus med mycket av de husgerådsartiklar som idag säljs i järnhandeln och matvarubutiker.

Hon började även arbeta som hemhjälp och hjälpte oss på senare år när det passade henne. Det var knappast någon som hade hjälp på femtio/sextiotalet, så vi var glada när hon ville komma. Det var på så sätt hon kom in i vårt liv.

För mig känns det inte så länge sedan som tant Ingeborg stod där vid strykbordet, under en brytningstid mellan det gamla samhället och det klassnedbrytande nya välfärdssamhället.

Nu när välfärdssamhället håller på att brytas upp, tycks vi återigen återvända till en uppdelning av fattiga och rika. Men då, i slutet på femtiotalet och i början på sextiotalet var optimismen stor och kommunalpolitiker som vuxit upp i samma miljö som tant Ingeborg, planerade att jämna de förhatliga gamla arbetarkvarteren med marken. De ville ersätta de gamla obekväma trähusen, som idag i renoverat skick anses pittoreska, med stora bekväma betonghus.

Det är en intressant upplevelse att strosa bland gamla minnen, att promenera tillbaka i tiden många årtionden och leta fram tant Ingeborg bland allt annat som ligger lagrat djupt inne i hjärnan.

En resa i minnet till henne gör mig glad. Idag säger ingen "tant" längre och det verkar säkert väldigt gammaldags att säga "tant", men det var så man gjorde då. Det går bara inte att ta bort "tant" och ha kvar "Ingeborg". Då plockar man isär något som inte är demonterbart. Och jag *vill* säga "tant Ingeborg". Det känns tryggt på något konstigt sätt.

Det är ett kärt återseende, att se tant Ingeborg med sin fasta integritet vid strykbordet. Där står hon, så trygg och belåten.

Hej tant Ingeborg, jag saknar dig!

VASAGATAN 5 A

På fjärde våningen i ett pampigt hörnhus av mattglaserat gult och brunt tegel med stora balkonger av svart järn-smide, fanns det på femtiotalet ett stort tredelat fönster med galler. Bakom gallret fanns vår barnkammare som jag delade med mina två systrar. Det var ett av många stora rum som låg i fil i den 250 kvadratmeter stora lägenheten.

I barnkammaren fanns tydliga spår av vår svenskamerikanska mormor och alla presenter hon tagit med sig från Florida. Där fanns mängder av dockor ("kissedockor" och mjuka plastdockor med nylonhår) som inte kunde köpas i Sverige på den tiden. På sängarna låg amerikanska överkast i profilerad frotté och i mitten av det stora rummet låg en stor fyrkantig och färglad linoleummatta med text och bilder från amerikanska barnramsor.

Hyresregleringen, ett arv från krigstiden, gjorde att hyran för den stora våningen var mycket låg. Å andra sidan var lägenheten mycket tungrodd, golven skulle bonas (vaxas och poleras) med golvbonare och kök och badrum var omoderna. Fastighetsägarna ansåg sig inte ha råd med några andra reparationer än det absolut növändigaste vilket hyresgästerna förstod, de bodde ju rätt billigt trots allt och många bekostade själva smärre reparationer.

De stora lägenheterna som byggdes under sekelskiftet var byggda för familjer med mycket tjänstefolk men sådana fanns det inte på femtio/sextiotalet. De som bodde på Guldheden och hade flyttat från primitiva arbetarkvarter i Haga eller Annedal, njöt av sina moderna badrum, kök och tvättstugor.

Vi levde i en storslagen, men mycket primitiv våning utan modern tvättstuga. Huset var från början byggt med ett "bykhus" (tvättstuga) för tvätt i källaren och en torkvind för torkning av tvätten. Det betydde att man behövde anlita särskilda tvätterskor som skötte bykningen i källaren (de fick elda med ved eller koks eller kanske gas för att få varmt vatten). Sedan skulle den våta tvätten bäras upp fem trappor till torkvinden. Det var ett tungt arbete som speciellt inhyrda karlar utförde. En ansvarsfull husmor räknade tvätten noga innan tvätten utlämnades till den inhyrda personalen. Dyrbart linne kunde ju annars försvinna.

Torkvinden var ett stort ödsligt utrymme, helt oinrett med bara brädor. Där fanns bara små gluggar till fönster, det var mörkt och vi barn ville inte gå dit ensamma. Tala om kusligt. Det låg damm överallt och där fanns linor uppspända där de olika familjerna hade hängt sin tvätt. På vintern hade man låtit tvätten frystorka. Idag har de flesta torkvindar konverterats till lyxiga vindslägenheter. Och numera finns det hiss dit!

Men vi levde där på femtiotalet och då fanns det inte någon som tvättade i källaren och det fanns ännu inte moderna tvättstugor och tvättmaskiner som vi har idag. Det var en mellanperiod och vi löste det på vårt sätt. Mycket tvätt som ylle och underkläder tvättades som "handtvätt". En del lakan och dukar skickades till "Soltork" tvättinrättning men resterande tvätt togs om hand i lägenheten.

Ofta stod det en stor tvättgryta med vittvätt på gasspisen och kokade. Den pöste ofta över och det luktade fränt från bränt tvättmedel. När tvätten kokats ren tömdes grytan i badkaret där annan tvätt kunde ligga i blöt. En dag kom en fru Norling och tvättade genom att sätta en spann på toaletten med en tvättbräda. Hon plockade upp plaggen från badkaret och skrubbade varenda plagg mot tvättbrädan och sköljde sedan allt i badkaret. Hon vred sedan ur tvätten (hårt arbete) och hängde upp den i en torkställning över badkaret (torkhiss). Sedan drog hon i ett rep som höjde torkhissen över badkaret. Hon var vår "tvättmaskin".

Mamma fick till sist en liten tvättmaskin (Evalett) som stod bredvid badkaret. Den centrifugerade tyvärr inte tvätten. Man fick trycka in tvätten i en anordning som hängde utanför den lilla tvättmaskinen. Den hade en invändig gummiblåsa. En vattenslang kopplades på och vattnets tryck utanför gummiblåsan gjorde att tvätten blev "vriden", man slapp att göra det för hand i alla fall. Det var viktigt att locket verkligen satt ordentligt fast. Det kom loss en gång och gummiblåsan vändes in och ut av vattentrycket och tvätten for i taket som en raket. Sedan inköptes en speciell centrifug som stod bredvid och då blev tvätten verkligen riktigt torr. Ingen mer tvätt som for i taket.

På femtiotalet var det populärt för familjens kvinnliga tonåringar att ha flera lager underkjolar och de skulle tvättas och stärkas så att de stod ut alldeles väldeliga. Så torkhissen över badkaret var proppfull jämnt speciellt med underkjolar.

Badkaret användes alltså ofta till vår tvätt. När tvätten låg i blöt kunde vi inte bada och med en torkhiss full av tvätt över badkaret gick det att bada, men definitivt inte att duscha. Duscha gjorde man ändå inte då, det är ett relativt nytt påfund. Det var normalt att bada en gång i veckan och använda tvättlappen under armarna och underlivet de andra dagarna.

Idag när man går Vasagatan fram kan man tycka att stenstaden är ganska mysig med så många caféer. Men jag tycker att stenstaden är ganska död jämfört med hur det var när jag växte upp på Vasagatan 5A som låg mitt emot Handelshögskolan. Då fanns inga stora matmarknader utanför stan, bara mindre speceriaffärer som sålde specerier, konserver, öl och annat. Det fanns speciella butiker för frukt. Det fanns charkuterier när man ville köpa kött. Man köpte fisk i fiskaffärer. Sybehör i sybehörsaffärer. Färg köptes i färghandeln. Parfym i parfymbutiken.

Om man bor på Vasagatan idag måste man göra sina inköp med bil och köra till en stormarknad ibland utanför Göteborg. De som arbetar i dessa butiker är för det mesta helt främmande människor, ofta deltidsanställda ungdomar. Det finns inte heller någon naturlig situation där man kan komma i samspråk med någon, i kassan skall man helst försvinna så fort som möjligt. Om man själv scannar sina varor blir det inte ens någon ögonkontakt.

Det var helt annorlunda när jag växte upp. Man kunde träffa ett halvt dussin människor som man kände väl när man gjorde sina inköp. De personer man kände fanns i alla de mindre affärer inom vårt närområde på ungefär tre minuters gångavstånd:

HAGA KYRKOGATAN
ovanför Vasagatan:
1. Godisbutik högst upp på gatan. Här handlade vi bara i nödfall, det fanns ju så många andra godisbutiker på närmare håll (Lotta Håkansson och Anna Palm).
2. Skomakare, korpulent och halt.
(Det var ingen tillfällighet att han var halt. Innan vi hade vårt social skyddsnät utbildades handikappade via yrkesskola på Vanföranstalten (numera Ortopeden) till bl.a skomakare och tapetserare så att de skulle ha ett yrke. Annars hade de inget sätt att försörja sig.
3. Grönsakshandlare och blommor.
4. Sybehörsbutik. Där köptes breda band till rosetter som mina systrar hade i håret.
5. Charkuteri. Ägaren hade även en butik på Skanstorget.
6. Tobaksaffär.
7. Godisbutik (Anna Palm).
8. Klockaffär.

HAGA KYRKOGATAN
nedanför Vasagatan
9. Tapetserare.
10. Godisbutik 3 (Lotta Håkansson).
Lotta hade en stor kundkrets med många skolor omkring och all talade om henne som "Lotta". Men gudnåde den som tilltalade henne med "Lotta". Hon ansåg att det var ett skällsord och man fick sig en riktig avhyvling.
11. Buteljlager. Två män och en dam, rätt ruffigt klädda som gick runt med en handkärra och samlade in och

sålde gamla buteljer. De tycktes vara påverkade för det mesta.

VASAGATAN
12. Svenssons Speceriaffär.
Rune Svensson skyltade med exotiska delikatesser som myror i choklad samtidigt som han introducerade "störtkyltning", massor med frukt stod framme och såldes till låga priser. När andra sålde allt bakom en disk var detta en stor nyhet.
13. Mjölkaffär
Två tanter med vita hattar som sålde enbart mejeriprodukter och diverse bröd. Konkurrerades ut av Svenssons speceriaffär.
14. Strykeri. Man såg två damer i fönstret som strök tvätt hela dagen.
15. Mercuribolaget. Militärt överskottslager.
16. Zoo djurbutik.
17. Café Lyckan.
18. Sjukvårdsartiklar etc.
Två äldre damer som sålde liktornsplåster och nagelfilar. Begriper inte hur de kunde livnära sig på detta, men det var vanligt på den tiden att ensamstående kvinnor hade en verksamhet (ofta blygsam) som de försörjde sig på.
19. Barberare i Tomtehuset på Vasagatan 11.
Hade gaseldad locktång för mina systrar.
20. Godisbutik i Tomtehuset.
21. Ambulerande korvkiosk utanför Tomtehuset.
Endast de med handikapp fick tillstånd för korvkiosker, det var samhällets sätt att hjälpa dem till en försörjning.
22. Skomakare.
23. Sydkap Grönsaker.
24. Sybehörsaffär.

VASAGATAN 5A

25. Häggstrands Elektriska. De reparerade ofta vår golvbonare som verkligen användes mycket.
26. Apoteket Lejonet.
27. Apoteket Lejonets Materialhandel.
28. Post.
29. Ballonghålan Leksaker.
30. Tobaksaffär.
31. Wettergren & Kerber (bokhandel och modeller).

NEDRE FOGELBERGSGATAN
32. Fiskaffär (Vi föredrog den i Haga som var lika nära)

VIKTORIAGATAN
33. Wienerbageri.
34. Wasa Livsmedelsbutik.
35. Tavel-och rambutik.
36. Godisbutik National (den enda godisbutik som gav kvitton).
37. Lagergrens Färghandel och kemikalieaffär.
38. Brååst konditori. Här kunde man beställa glass som kom i en förpackning med torris. Folk hade inte frysboxar då.

Nog var det en levande stadsdel med så många olika affärer! Jag minns hur underbart det var att gå till Wienerbageriet på Viktoriagatan där nybakade wienerlängder låg på en vit marmorskiva. Och tänk så underbart för oss barn att ha fem godisbutiker så nära. Vi gillade nog "Lotta" bäst, hon som hade haft godisbutik där redan när min mamma gick i skolan i närheten. Vi hade även alla affärer i Haga på nära håll.

Vårt ståtliga hus som hade breda granittrappor, trappräcken av polerat trä, tunga paraddörrar med etsat glas och unikt dekorerade trapphusväggar, var det sista stora stenhuset i Vasastan innan träbebyggelsen i arbetarkvarteren i Haga tog vid. Vi barn lekte i Hagaparken och vi gick i söndagsskola i Hagakyrkan.

Den relativt nya Handelshögskolan tvärs över gatan och det gamla stadsbiblioteket i Hagaparken utgjorde en neutral zon mellan de borgerliga stenhusen och de sjaskiga, trångbodda arbetarkvarteren.

I Hagaparken samsades fyllegubbar och tjocka tanter (ofta med mopsar) från Haga med barnjungfrur från Vasastan. Min yngsta syster var märkligt förtjust i jovialiska fyllegubbar och satt gärna i knäet på dom och frågade vid ett tillfälle varför "farbrorn inte hade några tänder".

Nu är Haga en chic och charmig stadsdel befolkad med relativt välbärgade och samhällsmedvetna människor. Här finns ytterst få av de tjugo procent invandrare som bor i Göteborg. Här bor man tryggt i moderna lägenheter med fjärrvärme, långt ifrån de tråkiga förorterna. De gamla utedassen har blivit förråd och kallvattensvaskarna som så många pinkat i är borta. Nya kök och toaletter har installerats.

De gamla verkstäderna, vedupplagen, tryckerierna, åkerierna, koksupplagen, mekaniska verkstäderna, otrevliga alkisar med schäfrar -- allt detta är borta. Cafeér, antikvariat, cook-shops och pryl-och mys butiker har tagit över. Haga är idag en välmående, njutningslysten, omtyckt och sensuell sörgårdsidyll.

Idag när jag går förbi det stora pampiga huset på Vasagtan 5A, ser det precis ut som förr. Det är bara gallret i det stora tredelade fönstret i vår gamla barnkammare som saknas. Endast samhället utanför har förändrats.

Den som går förbi idag tänker nog aldrig på att här gick det en gång en viktig skiljelinje mellan den borgerliga Vasastaden och arbetarkvarteren i Haga. En skiljelinje mellan fattig och välbärgad, mellan trångboddhet och enorma paradvåningar.

Själv tänkte jag aldrig på dessa saker när jag var barn och bodde i det stora gula hörnhuset. Vi kände ingen som bodde i Haga och visste inget om förhållandena bakom fasaderna. Och ingen berättade för oss barn. Jag minns däremot från senare år en lukt av stekos från en av mina konfirmationskompisar som bodde i Haga. Det var trångboddhetens lukt. Jag begrep det inte då. Jag minns bara den intensiva doften av stekta köttbullar från hennes kläder där hon satt bredvid mig på konfirmationsundervisningen.

Men de som bodde i Haga måste ha varit pinsamt påminda om skillnaderna när de lämnade träkvarteren och kom in i de välbärgade stenkvarteren, på väg till bio, Liseberg eller andra nöjen.

Men nuförtiden går man i motsatt riktning, från stenkvarteren till träkvarteren för att insupa atmosfären i de mysiga, charmiga gamla arbetarkvarteren, för att handla och njuta -- och tankarna går i helt andra riktningar.

INNANFÖNSTER

Jag får en underbar upprymd känsla när innanfönstren är på plats i min stuga. Då vet jag att jag har rustat för vintern.

Då får det bli hur kallt som helst -- jag kan mysa i stugvärmen med nygräddade pannkakor och sommarens sylt. Det kan vina kallt runt huset. Innanfönstren sitter fastskruvade på plats. De vita klisterremsorna täcker springorna. Vädrets makter når mig inte. Jag mår gott i min stuga.

På våren är det nästan lika roligt att ta bort innanfönstren som det var att sätta in dom i höstrusket. Det som jag tidigare velat stänga ute är nu välkommet in. Den bistra kylan har förbytts till en ljummen och frisk doftande vårvind.

De vita klisterremsorna av papper fuktas, dras bort och kastas. Fönstren tas ut och placeras på vinden i en garderob redo att plockas fram till hösten.

Stackars de människor som har vanliga kopplade fönster. Vad de går miste om mycket.

Dagens bekväma människor har gjort det lätt för sig och det är ju bra på många sätt. Men tiden som de förr använde till att sätta in och ta ut innanfönster, tillbring-

as nu istället i bilköer eller på gym fulla med lysrör och svett, eller i soffan framför teve-apparaten.
Jag tycker synd om dom som inte får uppleva den sanna glädjen med innanfönster.
Men dom som jag tycker synd om, tycker nog synd om mig, för att jag tycker synd om dom.

Och dom tycker nog att jag är lite insnöad som tycker som jag tycker.
Det gör inget. Jag har inte alls något emot att vara insnöad.
Bara jag har mina innanfönster på plats.

VILA I JORD

Nu ligger dom i jorden. Maria Bellona och Silla.
    Det var inte svårt att få ner dom. Det är alltid jobbigt att börja gräva men det är en sann glädje att plantera potatis tidigt på våren. Det är något jag alltid ser fram emot. Jorden måste vara varm brukade min gamle granne Sigurd på landet säga. Annars ligger "potatera" bara där och inget händer. Det är ingen idé att plantera för tidigt.
    Men jag var säker på att det var varmt och gott för mina flickor Maria Bellona och Silla. Inte skulle jag låta så rara flickor ligga i kall jord.
    Silla är tidigast, en ny sort. Det skall bli roligt att se hur hon smakar. Bara inte Maria och Bellona blir avundsjuka för att Silla sticker iväg först.
    Kvinnor har klagat på att man döper orkaner efter dom, men jag har aldrig hört att någon klagat på att man givit kvinnonamn till potatis. De är ju förresten i gott sällskap med förnäme King Edward och då kan man väl knappast klaga.
    Och så är potatis så himla god mat. Kan varieras i det oändliga. Jag blir aldrig trött på dessa delikata knölar. Det känns lite i ryggen att jag grävt, men det går snart över.

Innan jag somnar tänker jag på mina potatisflickor som ligger där i den varma jorden med sina små korta förgrodda ljusgröna skott, beredda att breda ut sig i olika riktningar och producera rikligt med små telningar.

Jag hoppas att ni har det bra.

Godnatt Maria! Godnatt Bellona! Godnatt Silla!

GOLVLAMPA PÅ FEL STÄLLE

Det var en helt vanlig golvlampa från tidigt sextiotal. Foten var av svarvad teak och den överdimensionerade skärmen gjord av ett gult grovt sidentyg, spred ett hemtrevligt sken.

Det kändes nästan som hemma. Men lampan var inte hemma utan i ett modernt kontorslandskap. Och det innebar ett problem.

Mellanchefen i den dyrbara Bosskostymen tyckte att lampan var en styggelse och bestämde sig för att den måste bort. Han var ju chef och hade genomfört en betydande omorganisation i det stora kontorslandskapet, i den lilla staden. Han var någon att räkna med.

De gamla tygskärmarna som delade av arbetsplatserna i kontorslandskapet hade slängts i containers och nya skärmar beställts. De var av trä och glas. Nu skulle alla få dagsljus sade man men i själva verket var avsikten att ingen skulle kunna sitta och gömma sig längre. Nu var man iakttagen av alla. Från alla håll. Genom glasrutorna. Alla var synliga, alltid tillgängliga. Det var ett modernt koncept. Det hade mellanchefen skrivit i ett memo på sin bärbara dator till chefen i Stockholm.

Mellanchefen gillade att vara en man i tiden. Flera hundra glasväggar kom från snickeriet i Småland som ägdes av mellanchefens kusin. Nog blev det ljust och fräscht som mellanchefen lovat, men glasväggarna absorberade inte ljud som tygväggarna. Varje ord studsade, ja till och med den minsta viskning ekade mellan glasväggarna. Alla hörde allt. Det var en katastrof tyckte arbetarna. Men det tyckte inte mellanchefen. Han var nöjd. Nu blev det kanske slut på privata samtal, tänkte han. Men om detta skrev han inget memo till chefen i Stockholm.

En modig gräsrot som blev vimmelkantig av de många lysrörsreflektionerna i glasväggarna gjorde revolt mot det stela och kallt kala. Plötsligt stod där en dag en golvlampa mitt i det sterila glaslandskapet. Trettiofem kronor hade den kostat på en loppmarknad.

"Vad trevligt!"
"Så mysigt!"
"Kul ide!"

Sällan har en golvlampa modell äldre, fått så mycket uppmärksamhet. Gräsrötterna var glada. De hade längtat efter något mjukt och varmt att vila ögonen på.

Men mellanchefen var inte glad. Han gav order till avdelningschefen som gav order till den uppstudsige gräsroten som gjort ett allvarligt intrång i företagets möbleringspolicy. Lampan skulle bort! Tänk om alla tog med sig möbler hemifrån, hette det.

Det var för tre år sedan. När jag hälsade på mina vänner igen (det var kul att träffa dom efter så lång tid) fick jag syn på den gamla golvlampan. Där stod den i eget majestät. Vad hade hänt?

Lampan hade tillfälligt förpassats till ett förråd. Mellanchefen hade inte långt därefter försvunnit permanent. Snett nedåt. Och då hade lampan återvänt till sin gamla plats.

Där står den fortfarande, en gräsrots symboliska protest mot mycken dumhet. Gå själv upp och se! Hälsa från mig.

Tag hissen till våning fyra, gå glasgången rakt fram, ta till vänster och sedan till höger.

Där står den. Glädjespridaren!

NUNNOR I GÖTEBORG

Jag var elva år och kom gående på Vasagatan med min klasskamrat. Mitt emot kom en kortvuxen svartklädd och trind nunna med långa kjolar och ett stort krucifix hängande från midjan. PANIK!

Min klasskamrat som aldrig sett en nunna förut stirrade med häpnad hur syster Bonaventura, det var så hon hette, tog min hand och tryckte den till sin stora svarta och varma barm med kraftiga rörelser och ropade:

"Ach do vaar jo den sneeelaste af alla påjkarna i klassen! Doo vaar doch soo uuuuunderbaaaar!"

När hon sansat sig lite, frågade hon intresserat hur jag trivdes i min nya skola och hur familjen mådde, medan jag mycket generad kände handen fara fram och tillbaka mot den stora mjuka svarta barmen. När man är elva blir man generad för minsta lilla. Men detta tog priset.

"Vem var det?" frågade min klasskamrat lite senare.

Jag förklarade att det var en av skolsystrarna från min förra skola, Katolska skolan.

Katolska skolan hade han aldrig hört talas om, men han hade däremot läst om "katolska kyrkan" och om påven och krig och sådant. Hörde det möjligtvis ihop?

Som tur var skvallrade han inte för de andra i klassen om vårt sammanträffande med syster Bonaventura. Jag var räddad!

Hur ett barnbarn till en gammaldags schartuansk kyrkoherde hamnade i en katolsk skola har jag aldrig riktigt förstått eller fått förklarat för mig. Mina föräldrar tycktes vara måttligt intresserade av religion. Men det ansågs förmodligen bra med privatskola även om den var katolsk.

Vi tre syskon försvann lydigt varje söndag till den protestantiska söndagsskolan. Klockan tio. Var och en med tre tioöringar till kollekten som deponerades i en nickande sparbössa; en afrikansk man som tacksamt nickade när man stoppade i pengar i en springa på sparbössan. Våra föräldrar fick sova ut i ro.

På söndagar var vi alltså protestanter och på vardagar var vi "katoliker" och gick faktiskt då och då med de riktiga katolikerna i mässa. Ekumeni i praktiken kanske? Nej, det var nog mest en slump.

Jag önskade ofta att jag var katolik så att jag kunde ta kommunionen (nattvarden) tillsammans med mina skolkamrater som tog den på söndag och två gånger i veckan. Hela proceduren var intressant och dramatisk. Och lite aptitretande. Hostian (oblaten) som jag som protestant var dömd att aldrig få smaka, påminde om en kaka. Jag har alltid varit svag för kakor och bullar.

Och sen var det det där med frukost på skolbänken. Alla katolska barn som varit på mässa på onsdag och fredag morgon hade inte fått äta innan de tog hostian i munnen och de lyckostarna fick lägga en vaxduk på skolbänken och äta frukost som syster Tekosia serverade.

Syster Tekosia undervisade inte utan arbetade i köket. Hon bredde smörgåsar men hade dessutom en bisyssla, hon sålde tjusiga radband som barnen köpte för insparade pengar. Det är så jag kommer ihåg henne. Syster Tekosia; smörgåsar och radband.

Ja, frukost-ceremonin var definitivt lockande. Och nästan värd att bli katolik för!

Det var enbart nunnor som undervisade. De hade alla kommit från Tyskland och talade med en distinkt tysk brytning och namnen var speciella: syster Damasia (kindergarten), Bonaventura, Legadia och Humelina. Syster Johanna hade vi i syslöjd.

Den katolska skolan i Göteborg började i blygsam skala. Syster Bonaventura hade både första och andra klass i ett klassrum som nunnorna hyrde på Hagaskolan. Varje dag drillade hon multiplikationstabellerna. Tack syster för det! De sitter som berget!

Syster Bonaventura hade ett speciellt belöningssystem. Hon delade ut "flitig-plomber". Det var små kartongbitar, ofta av en sönderklippt chodkladask med guld och glitter på ena sidan. På andra sidan hade syster skrivit "Bra!" Vi barn kunde inte skriva lika fint som syster så vi kunde inte förfalska dom. Senare infördes en stämpel med orden Bra! När man samlat på sig ett visst antal kunde man byta till sig pennor och suddgummin och helgonbilder. Lakritskakor som syster hade i en stor plåtbur delades också ut som belöning.

Varje dag gick hela klassen med syster Bonaventura i spetsen från Hagaskolan till Karl Gustavsgatan 1A där där de två andra klassrummen fanns. Nunnorna hyrde där en större lägenhet där de bodde i ena delen av lägenheten. Den andra delen innehöll två klassrum.

Syster Legadia undervisade tredje-och fjärdelassarna i ett gemensamt rum. Hon var ökänd för sina hårda luggningar och specialist på att ta killarna i det korta håret vid örat och lyfta till ordentligt. Syster Humelina undervisade femte-och sjätteklassare (endast flickor eftersom hon inte klarade av pojkar i den åldern).

Nunnorna tyckte om att berätta moraliska liknelser och de gjordes både dramatiska och spännande. En liknelse som jag speciellt minns, handlade om en ickekatolik som lömskt gått in i en katolsk kyrka och tagit nattvarden. Hostian svalde han inte. Han plockade ut den ur munnen och tog den med sig hem. Och vad gjorde denne förtappade protestant med den katolska hostian tro? Jo, han piskade hostian med granris (hostian anses vara Kristus lekamen) och kan ni tänka er barn sade syster Bonaventura med vidöppna ögon. "Det rann blod från hostian!"

Syster Bonaventura värnade om vår moral och när vi i andra klassen fått nya "läseböcker" så var det en speciell bok som ansågs omoralisk. Den hette "Lilla Trollet Jochoma" och vi blev all beordrade att ta fram en bläckpenna och måla byxor på det nakna (och oanständiga) trollet Jochoma, det blev nästan varenda sida. Vi hade mycket att göra den förmiddagen.

Det där med moral var viktigt. En vårdag när vi hade vår rast i Kungsparken, en centralt belägen park i Göteborg, stod ett ungt par och kysstes ömt lutade mot en trädstam. Syster Legadia förfärad, visslade ihop de två klasserna med sin rostfria visselpipa, och skyndade genast in med oss i släptåg, genom porten på Karl Gustavsgatan 1A. Hon var väldigt upprörd.

Bakom katedern tog hon sats. Hon hade något mycket viktigt att berätta.

"Nu skall jag tala med er om *syndig kärlek*." Det blev tyst i klassen. Mest för att syster var så röd i ansiktet. Vi väntade spänt.

"Det finns två sorters kärlek fortsatte hon. Syndig kärlek och kristen kärlek. Jag veeeet vad syndig kärlek är. Jag har läst journaaaaaler!"

Vi barn i nio-och tioårsåldern begrep inte vad hon menade annat än att hon var upprörd över något. Om hon inte sagt något så hade vi aldrig tagit någon notis om detta unga par som var ett helt naturligt inslag i parken denna vårdag.

Nunnorna ansåg sig vara "Kristi brud", alltså faktist gifta med honom. När jag en gång lite hårdhänt slet mig loss från en nunna som konfiskerat min lakritspipa, blev jag anklagad för att ha "slagit Kristi brud". Det var en ganska allvarlig anklagelse som bara kunde utplånas med en rejäl ursäkt. Efter den blev jag faktiskt desto mer omtyckt.

Inte förrän jag efter fjärde klass måste byta skola (den lite äldre syster Humelina orkade som sagt inte med pojkar i 11-12-års åldern) förstod jag hur skyddad den miljön hade varit. Här mobbade man inte varandra. Det var fint och fridsamt på många sätt och elever från Ungern, Italien, Polen och Sydamerika samsades fint med svenska katoliker och protestanter.

Det var en viss mystik med nunnorna, deras tyska accenter, doket som täckte varenda hårstrå och de fotsida svarta kjolarna. Bara de svarta kängorna syntes. Vi tisslade ibland och berättade att någon minsann sett systers hår sticka fram under doket. Det var nyheter det!

De "nya" nunnorna är numera yngre och har ingen tysk brytning och talar perfekt svenska. Dessutom visar de håret under doket. Så vågat!

Det är inte alls som förr. Inte roligt längre.

All mystik är definitivt borta!

OLGA OCH LINNÉA

I ett pampigt hus på Särö, en halvö utanför Göteborg, bodde två äldre kvinnor. Huset hade tretton rum och var omgivet av sex hektar parktomt med terrasser, stenmurar, stora granar och storslagna stentrappor som ledde till havet på ena sidan, och till en magnifik uppfart och parkeringsplats på den andra sidan.

Den gamle kungen Gustav V hade varit gäst här många gånger, på den "gamla goda tiden" när kungen tillbringade somrarna hos kabinettkammarherre Keiller i hans villa Gövik på Särö.

Den ena kvinnan hette Olga och den andra kvinnan hette Linnéa. Olga var tio år äldre än Linnéa. Men det var aldrig någon som talade om dom som "Olga och Linnéa", fastän de bodde ensamma i det stora huset och fastän de faktiskt hette så, Olga och Linnéa.

Anledningen till detta vara att Olga ägde huset och titulerades generalkonsulinna och Linnéa var anställd som kokerska och allt-i-allo och ägde just ingenting.

Olga var liten, elegant och mycket klädmedveten och doftade alltid av Shalimar. Hon var mycket estetiskt lagd och sågs ofta på stan med florhatt, högklackade skor och ozelotpäls.

Linnéa var också kortvuxen, men kraftig och

muskulös och totalt ointresserad av kläder och hur hon såg ut. Hon trivdes bäst i sina snedgångna träskor.

Olga var min amerikanska mormor som kom till Sverige som nygift och oskyldig artonåring. Hon var ett bra parti för min morfar som visserligen kom från en välbärgad familj men han var alltid i behov av pengar. Mormor medförde välbehövliga pengar som de båda gladeligen satte sprätt på med stora fester, enorm gästfrihet och nio barn.

Linnéa var en välkänd storkokerska från Halland när hon 1940 och nyss fyllda fyrtio år kom för att hjälpa till en kortare tid hos mormor och morfar i det stora huset på Särö. Hon stannade i över fyrtio år tills min mormor Olga dog, nästan nittio år gammal.

De två, Olga och Linnéa, levde ensamma i huset efter det att de nio barnen för längesedan flyttat hemifrån och morfar dött. De bodde i det stora huset som herrskap och tjänstefolk ända in på slutet av sjuttiotalet när man bara kunde se något liknande i engelska teve-serier.

Det var något speciellt med mormor Olga. Hon var som elden i en öppen spis. Man drogs till henne. Hon både värmde och fascinerade med enkel okomplicerad charm. Med pikant amerikansk accent berättade hon för oss barn om indianöverfall och diligensrån, om silver som grävdes ner när alla tvingades fly staden som stod i brand. Mina föräldrar tycktes otroligt banala och ointressanta i jämförelse med min exotiska mormor.

Mormor körde alltid en egen stor amerikansk bil. När mamma var liten kolliderade mormor med ångloket från Göteborg. Den stora Cadillac La Sallen blev totalförstörd och hamnade femtio meter längre bort. Barnen var oskadda. Mormor var omtumlad och blåslagen, men långt ifrån skärrad. Hon gav barnen instruktion att springa hem och berätta medan hon själv med annat färdmedel, fortsatte dit hon skulle.

Hemma trodde man först att barnen skojade. Men man förstod senare hur det låg till när man såg den ramponerade bilen. Dagen därpå var mormor blå och gul på ena sidan av kroppen, men beundrad av hela Särö för sin oräddhet.

Hon var aldrig rädd för något. Hon gav rådet:

"Varer inte rrädd. De ende de andre kan görer, ärr att biter nacken av dig!"

Hon bevisade detta med att åka till Paris i ett tvåsitsigt plan strax efter krigsslutet. Hennes son som blivit amerikansk medborgare och som deltagit som fallskärmssoldat för amerikanarna vid invasionen av Normandie, befann sig i Paris på ett av Röda Korsets sjukhus. Hon ville absolut träffa honom.

Mormor fick följa med en kapten von Rosen i hans lilla plan. Väl framme, hittade hon sin son efter flera dagars letande.

Nej hon var långtifrån pjoskig. Dessutom var hon konstnärlig, målade oljemålningar, kinesiskt lack och svensk allmoge. Hon hade en konstnärs rebelliska sinnelag. Hon var mycket spännande och rolig att vara tillsammans med.

Dessutom var hennes inställning till livet och alla människor energiskt positiv och välkomnande. Aldrig gnäll eller kiv. Aldrig partisk. Enbart positiv. Man mådde helt enkelt bra hos mormor. Därför tog jag ofta min tillflykt dit.

Mormor var otroligt gästfri. Visserligen var hon ekonomiskt oberoende, men utan Linnéas insatser hade hon varken kunnat vara gästfri eller bott kvar i huset. Mormor kunde tack vare Linnéa behålla sin "status" i det stora huset, hon slapp bli en vanlig åldring i en lägenhet. Ett lustigt par som på gamleder blev skruttiga båda två. Linnéa var ju bara tio år yngre och henne tog ingen hand om.

Jag kan ana kommentaren: Linnéa var "utnyttjad". En sådan kommentar kan lätt falla en på läppen om man inte känner till hela bilden. Linnéa kom till Särö för att arbeta tillfälligt över en sommar. Hon stannade i fyrtio år. Hon var fyrtio år och var känd som en utmärkt storkokerska. Hon hade ett yrke och en stolthet och kunde slutat när hon ville. Men varför blev hon kvar så länge?

Min gissning är att hon fyrtio år gammal helt enkelt visste att hon inte skulle bilda familj och tyckte att arbetet var roligt och att hon trivdes hos mormor och morfar. Det gjorde nämligen alla andra.

Om man var tvungen att arbeta i någon annans hem, det var många kvinnors enda arbetstillfällen före andra världskriget, så var detta hushåll ett intressant och livat sådant. Linnéa kunde slutat på femtiotalet när alla fick det bättre ekonomiskt. Men Linnéa blev kvar. Utnyttjad? Fråga henne själv. Om ni vågar!

Linnéa hade ibland ett sjuhelvetes humör om man frågade fel saker. Ville hon ha hjälp med disken i köket? Skulle hon inte ta semester? Sådana frågor resulterade i fyrverkeri direkt. Man aktade sig noga. Hennes regioner var heliga. Inget intrång. Då djävlar anamma.

Förr i tiden fanns det husa och hjälpreda i köket och trädgårdsmästare och städhjälp, men när jag växte upp gjorde Linnéa allt. Det fanns ju inte några andra övervintrande tjänstefolk kvar. Bara Linnéa. Hon var unik. Och förmodligen medveten om sin betydelse.

Vid vissa tillfällen fick en av Linnéa speciellt utvald och accepterad servitris (Ella) med diplomatisk läggning som hon inte kände sig "hotad" av, komma och hjälpa till. Annars skötte Linnéa allt, matlagning städning, tvätt och trädgårdsarbete. Hennes revir var långsträckt.

Om mormor trots allt fick tag på en man som hjälpte till i trädgården blev det en hel del turbulens i köksregionen. Linnéa ville, men kunde givetvis inte göra allt. Det var en balansgång minsann.

Fick Linnéa bara vara ifred att arbeta efter eget tycke var hon go som gull. Det var hon själv som bestämde. Så det blev som det blev. Hon tog aldrig semester. Hon vägrade att ta emot högre lön. Hon arbetade för fullt och på helgerna kopplade hon av med polering av silver och koppar. Hon satt där med sina korta muskulösa armar och småpratade. Hon såg märkvärdigt tafatt ut när hon inte gjorde något.
"Vi hadden so roligt när vi var unga" sa hon ofta och berättade gärna på sin halländska om shaningar och shant folk. Hon hade inte mycket till övers för umgänget på Särö. "En massa shant folk" sade hon. Den kommentaren inkluderade även många inom Särösocietén. Hon hade ju sett dem på nära håll.

Det var först på eftermiddagen eller kvällen som ytterdörren låstes på Lysholmen. Dörrarna var ju inte bara fysiskt öppna på Lysholmen, det var ett otroligt gästfritt hus. Alla kände sig välkomna. Det var verkligen "öppet hus" i ordets rätta bemärkelse.

Under sommardagarna kunde mormor ligga och vila i sitt sovrum och Linnéa vara nere i växthuset och gräva bland tomaterna, eller klippa gräset, eller rensa ogräs.

Då kunde ju vem som helst promenera in genom de öppna dörrarna in i matsalen och serveringsrummet där det fanns hyllmeter med glänsande silver och koppar på parad, alltid nypolerat. Det var aldrig något som försvann. Märkligt egentligen. Öppna dörrar för det mesta, inget larm och minst 10 balkongdörrar med lättforcerade lås.

Linnéa var som sagt ofta utomhus. På gamledar hade hon faktiskt tomater varje år i växthuset trots att hon var nästan sjuttio år. Det var hon som bestämde vad hon skulle göra utomhus och när. Hon köpte ett lass gödsel av en bonde varje år som hon kånkade in i växthuset och sedan köpte hon tomatplantor, förmodligen på torget i Kungsbacka där hon och mormor varje vår inhandlade pelargonior, petunior och blå hänglobelia. Växterna planterade de i stora urnor och kopparkittlar på altanerna och i vinterträdgården (stengården).

Det var mycket som fungerade därför att Linnéa bara gjorde det och tyckte det var roligt. Hon var ju inte ombedd att odla tomater eller kånka upp stora krukor eller rättare sagt tunnor med träd från källaren (där de förvarades frostfritt över vintern). Både hon och mormor gladdes åt att få det vårfint i Stengården med blommor och annat.

Efter morfars död, hyrde mormor ut Lysholmen några somrar. Då var det ju bra att ha Mååtorp, morfars jaktstuga i Fjärås. Jag bodde hos mormor i början på sommaren i mitten av sextiotalet när Lysholmen skulle hyras ut till Margareta Moseby, en dotter till Ann-Ida och Dan Broström. Hon var gift i Italien och hade en stor familj och ville vara på Särö över sommaren.

Linnéa och jag försökte tillsammans städa innan de kom, men det var över femton rum och när man var färdig var det till att börja om igen. Mormor var van att Linnéa fixade det mesta och tycktes ta det hela med en klackspark. Hyresgästen var inte nöjd med städningen och mormor fick betala för en professionell fönsterputsare som kom och tvättade ett fyrtiotal fönster och tjugotal balkongdörrar.

När vi kom till Mååtorp i mitten på juni hade gräset hunnit växa högt och Linnéa och jag tog itu med trädgården. Det var mycket att pyssla med på Mååtorp, men nu fanns inte morfar längre och inte hans "Karlsson", hans allt-i-allo gårdskarl. Om inte jag hade varit där så hade ju Linnéa fått göra allt jobb utomhus. Linnéa som vanligtvis blev tvärilsk om mormor talade om att anställa någon annan som kunde hjälpa till, tillät att jag hjälpte till i trädgården och med andra sysslor. Vi var "kompisar" och jag höll låg profil och slog mig inte för bröstet över mina insatser, så det gick bra. Det gällde att vara diplomatisk minsann. Det är egentligen rätt märkligt hur det hela gick ihop. Det kom ju en hel del gäster dit som skulle passas upp också och Linnéa tvättade dessutom allt för hand. Tvättmaskin fanns varken på Mååtorp eller Lysholmen.

Mina positiva minnen från ungdomen har till stor del anknytning till mormor och Linnéa på Lysholmen. När jag och mina kompisar kom hem till huset på Särö efter en härlig vintrig långpromenad kunde Linnéa överraska med Earl Grey Tea och nylagade scones och kakor.

Hon rullade in tevagnen till oss ungdomar framför brasan i vardagsrummet med ekpanel. Vi tog nästan lite generat emot denna gammaldags lyx som ingen var van vid på sextiotalet. Vi alla hjälpte till hemma och Linnéa var ju dessutom rätt så gammal då. Men Linnéa gillade att göra sådana här "specialare".

Linnéa kom från en bondesläkt och flyttade på fyrtiotalet med stor glädje med till morfars nyförvärvade jaktstuga i Fjärås. Där gjorde hon allt det vanliga plus lagade mat åt jakthundar och arbetade med röjning i skogen. Det är svårt att förstå att någon kunde ha sådan energi. Arbete kom först. Klädseln sist. Korviga bruna strumpor och snedgångna träskor, en sjalett på sned och rufsigt hår, det är så jag kommer ihåg henne. Och all hennes omtanke och underbara mat förstås.

Mormor led av Linnéas klädsel, hon var så väldigt mån om att allt skulle vara vackert och estetiskt. Hon försökte köpa en klänning till Linnéa. Men se det skulle hon inte ha gjort. Dagen därpå var klänningen förvandlad till skurtrasa.

Mormor visste att hon inte kunde påverka Linnéa, men hennes sinne för det "estetiska" kunde vid ett tillfälle inte hindra henne från att föreslå följande med sin amerikanska accent: "Ner Linneörr arrbeterr i trädgårrden iiitanförr di fertjiiiisande rröder stugorna, vore det så pittoresk ner man kommerr körrende med bilen, om ni hade röder klederr på er." Linnéa besvarade inte en sådan kommentar.

Själv var mormor alltid välklädd och väldoftande och Linnéa hjälpte med stor omsorg till att klä mormor som om mormor var hennes lilla docka. Hon var stolt över sin konsulinna. Men sin egen uppenbarelse, brydde sig inte Linnéa ett dugg om.

En dag kom mormor och Linnéa körande till vårt sommarställe på Hovås. De två kortvuxna kvinnorna syntes knappt bakom vindrutan i den svarta Cadillacen Cabriolet 1947. De hade fått reda på att vår gräsklippare hade gått sönder och att gäster väntades. Mamma var förtvivlad över det oklippta gräset. Men nu var hjälp på väg!

Ur bagageluckan stack det upp en gräsklippare. Den hivade Linnéa, femtionio år, genast ut med sina kraftiga armar. Det tog henne inte lång tid att klippa tvåtusen kvadratmeter gräs. Sådant var hon van vid. Hon var snabb på sina träskor. Både hon och mormor gillade att hjälpa till och den här utryckningen var ganska typisk för dem båda.

Linnéas mat var vida omtalad. Mormor och morfars gästfrihet och Linnéas mat -- en oslagbar kombination. Mormor var psykologisk och det var en sak hon aldrig glömde att göra -- hon såg alltid till att gästerna gick in i köket för att "berömmer Linneörr!"

Man gick aldrig hungrig därifrån och det var stört omöjligt att komma dit utan att stanna på middag. Visst skulle man stanna! Alltid trollades det fram något. Från frysen eller från affären som Linnéa kunde få att öppna för henne även på söndagar (affärer på den tiden hade aldrig öppet på söndagar). Ägarna bodde i närheten.

Linnéa lagade gärna mat åt andra, men vägrade prompt att äta med. Hon åt ogärna offentligt. Man kunde se henne sitta i köket med en kopp kaffe och en brödbit eller bulle. När åt hon riktig mat?

Hon trivdes bäst att sitta på en pinnstol, aldrig i en bekväm stol. Såg hon på TV, satt hon på en pinnstol nära dörren.

In i det sista skötte hon mormor som en docka. Det fanns en verklig kärlek i hennes omtanke. Men själv till åren kommen, kunde hon inte vårda en äldre person dygnet runt. Utomstående hjälp vägrade hon att ta emot.

När mormor till sist hamnade på sjukhus där hon låg två månader innan hon dog, besökte Linnéa henne aldrig. Linnéa, nu sjuttioåtta, hade gjort sitt och Linnéa hörde hemma i det stora huset.

Nu var hon ensam i det stora huset vid havet. Det fanns ingen konsulinna längre att ta hand om. Hon stannade troget i huset tills det såldes ett år senare. Linnéa flyttade till en liten lägenhet i Varberg där vår familj besökte henne från och till. Då bullade hon upp som vanligt. Vi var ju hennes familj.

Något år senare fick hon en blodpropp och Linnéa som aldrig gått till läkare hamnade på sjukhus och fick en pacemaker och glasögon på näsan.

På sjukhuset var hon illa till mods. Hon var ovan att bli omhändertagen. Det var ju hennes roll att ta hand om andra. Vistelsen på ett rehabiliteringshem gjorde heller inte riktigt susen. Hon var sig inte lik. Men plötsligt blev hon bättre. Vad hade hänt?

Hon hade fått en rumskamrat, en äldre kvinna och tillika "fin dam".

Linnéa insåg snabbt att hon behövdes. Hon tog hand om sin nya rumskamrat och hjälpte till och passade upp henne precis som hon gjort med sin konsulinna. Det var den terapin Linnéa behövde. Hon blev snabbt betydligt bättre. Snart var hon hemma i sin lägenhet. Hon dog några år senare, 89 år gammal.

Både Linnéa och mormor Olga är döda, men det går inte en dag utan att jag får anledning att skicka dem en tanke. Det var många lov och somrar jag bodde hos dem. De betydde mycket för mig och jag är naturligtvis tacksam för all deras omtanke som de ödslade på mig och den underbara känslan att alltid vara välkommen dit.

Och det stora huset vid havet där Olga och Linnéa bodde? Vad hände med det?

Jo, där bor nya människor fastän vi en gång tyckte att huset, där Olga och Linnéa bodde, bar deras identitet till den milda grad att huset var deras för evigt.

LANDALASKOLAN

Jag hade aldrig hört en sådan utpräglad göteborgska som när jag började på Landalaskolan. Det var en kulturshock att komma från den lugna katolska skolan med endast tre dubbelklasser och tre lärarinnor till den enorma Landalaskolan med mängder av klasser, killar och tjejer var för sig.

Anledningen till att jag hamnade just på Landalaskolan var att den äldsta nunnan syster Humelina, inte klarade av bråkiga pojkar och vi pojkar fick söka oss till närmsta folkskola. Eftersom jag bodde på Vasagatan, blev jag anvisad Landalaskolan. Där gick jag i femte och sjätte klass innan jag sökte till realskola.

Så gott som alla killar i klassen hade skinnpajar och Elvisfrisyrer. Jag hade kammad bena precis som pappa (med pomada). Min blå "sportjacka" med två röda revärer var naturligtvis "helt fel" så det blev en del "tjöt". Men jag stod på mig, jag ville ju varken ha skinnpaj eller Elvisfrisyr.

Landalaskolan byggdes 1892 och hade egen badinrättning med ett trettiotal minibadkar och en mindre bassäng. I de små badkaren skulle eleverna från arbetarkvarteren i Landala skrubba sig rena. De hade ju inga egna badrum hemma, bara en kallvattenvask i köket och utedass på gården. Lägenheterna för de stora barnfamiljerna bestod oftast av ett rum och kök. Det var bara en enda elev i min klass som fortfarande bodde primitivt i Landala och han retades för det. Klasskamraterna sade att han bodde i FPK ("Förenade pös-kvarter").

De andra bodde modernt i Guldheden men vi ville alla med och bada i Landalaskolan. Det var roligt att reta de ilskna badtanterna i vita plastförkläden. Vi var i vattnet och de kunde inte nå oss. De blåste förgäves i sina visselpipor när vi killar agerade vågmaskin så det skvätte väldeliga över kanterna i den lilla bassängen.

Ett annat minne från Landalskolan var de varma hönökakor man kunde köpa direkt från Hönöbageriet på Molinsgatan i Göteborg. Bageriet hade startat 1914 på Hönö av en kvinna som hette Jenny och hade sju barn. 1935 flyttades bageriet till Molinsgatan i Göteborg. Den vedeldade ugnen behölls in på sjuttiotalet.

Eftersom hönökakorna bakades i en vedeldad ugn blev de därför ibland lite ojämna eller lite för mycket bakade, så de såldes billigt till eleverna i Landalaskolan, Götabergsskolan och Hvidtfeldtska läroverket som alla låg i närheten av bageriet. De var bättre än godis och kostade femtio öre. Vi åt dem varma som de var, direkt ur påsen. Särskilt de som var lite brända var de godaste. Vi tänkte inte då så mycket på att detta var något unikt, det är först i efterhand nu när all tillverkning är maskinell som man inser värdet av det hantverksmässigt tillverkade.

Men inte nog med det, det fanns en liten glassfabrik i närheten (Törnkvists glassfabrik) som gjorde glass på ett gammaldags sätt i höga trätunnor med is runtom. Maskinerna drevs av band som rörde om glassen i kärlen medan is och salt kylde. Alltså väldigt gammaldags. Allt detta kunde man se när man kikade in från gatan.

På gatan utanför glassfabriken, i stark kontrast till Landalas förfallna hus, stod ägarens skinande pastellfärgade amerikanska vrålåk. Hans fru eller någon av hans anställda kvinnor (alltid klädda i kjol och stövlar) var ofta i färd med att tvätta eller putsa bilen.

Det var nog en väldigt inkomstbringande verksamhet. Glassen såldes även på Heden under namnet BT glass och folk kom från hela Göteborg för att köpa.

När man gick på Landalaskolan och Götabergsskolan var man tvungen att gå i Folktandvården. Själv blev jag befriad från Folktandvården eftersom min far var tandläkare, men jag hörde skolkamraternas skräckhistorier. Än idag talas det om den hårt sminkade kvinnliga tandläkaren allmänt kallad för "Pudervippan". Det är skrämmande historier om ren inkompetens, slagsmål och sadism.

På den tiden fick lärare slå sina elever om det ansågs nödvändigt eller om läraren bara kände för det. Jag fick en rejäl örfil av en lärarinna när jag jagade en tjej in i klassrummet. Vår slöjdlärare Andersson ("Ånnesån" som killarna uttalade namnet) hade rykte om sig att vara våldsam. När man lånade ett verktyg av honom spände han ögonen i en och hans djupa röst dånade på göteborgska: "Döö, glöm inte ååå adresssen!" Verktygen återlämnades ordentligt varje gång minsann. Man ville helst inte bli lyft i håret. Jag vet inte om det var någon egentlig risk för det, Andersson var nog i grunden rätt snäll. Men det ville han nog inte att vi skulle förstå då.

Det hade varit väldigt lätt för mig när jag kom till

Landalaskolan att anpassa min frisyr till mina nya klasskamraters. Jag liksom dem hade "fett" i håret. Jag använde min pappas pomada i håret, en genomskinlig grön vaselin med svag doft som kletades in i håret. Pappa använde även Watzins Keratin, ett hårvatten, men jag tyckte att det luktade för starkt. Den enda skillnaden från mina klasskamrater var att jag inte formade luggen i en sådan där Elvis våg. Måste jag verkligen kamma håret slätt åt sidan frågade de. De tyckte att jag var väldigt jobbig som insisterade på mitt tama sätt att kamma håret.

Mamma hade nog blivit väldigt förvånad om jag dykt upp därhemma med en Elvisvåg i håret. "Typigt" hade hon säkert kallat det. Ingen som jag kände hemifrån hade en sådan frisyr och jag kände instinktivt att det var något jag inte ville pröva på. Den hörde ihop med klasskamraternas utpräglade göteborgska och för mig nya ord som "fjös" och "lö". Sådana ord hade aldrig nämnts i katolska skolan.

En dag under 1959, mitt andra år i Landalaskolan, sade jag adjö till hårfettet och tvättade rent håret och gick till en ny het frisörsalong, den enda i sta'n som klippte moderna frisyrer. Den låg strax bakom Stadsteatern på Johannebergsgatan och hade cirka fem frisörer anställda.

De hade fullt upp att göra. Här klipptes nämligen nya moderna frisyrer som skulle bana vägen för längre hår i stil med Beatles. Alla frisörer i Göteborg på den tiden klippte håret väldigt kort i nacken och runt öronen och alltid med maskinsax. Det gick bara inte att få det på något annat sätt. Så de nya frisyrerna man kunde skaffa sig hos frisören bakom Stadsteatern -- ja det var något väldigt nytt och revolutionerande då.

LANDALASKOLAN

Hos den nya frisören fanns foton på de "nya frisyrerna" med lite mjukare former och framförallt längre hår i nacken och runt öronen. Jag minns att jag funderade mellan "Dixie" och "Hamlet" och bestämde mig till slut för "Hamlet" och det förändrade faktiskt väldigt mycket. Det var som om jag konverterat till en ny religion.

I och med den nya frisyren hade jag tagit ställning mot Elvisfrisyrer och allt slags fett i håret. Jag var på väg in i 60-talet. Jag var modern. Det var en stark signal som krävde förändringar på andra områden. Nya vänner och nya kläder. Lavinen var i rullning.

Med nya signaler utskickade via den nya frisyren bildades en grupp av likasinnade på Landalaskolan, tre tjejer och några killar bildade en grupp som alla hade "Plums", en typ av blå seglarjacka. En Plums var så långt man kunde komma från en skinnpaj. Vi var nu en grupp som signalerade en egen stil.

Den snälle pojken från katolska skolan kände äntligen luft under vingarna, glädje och mod.

FARFAR VIKTOR BERÄTTAR

Min farfar, kyrkoherde Viktor Södergren (1878-1961) ville egentligen blivit jurist, men fastrarna som betalade för hans utbildning insisterade på prästyrket. Präst eller inget. Så farfar blev präst.

Farfar var inte rädd för att säga ifrån i många olika sammanhang. Han höll en berömd predikan 1945 som kritiserade den svenska regeringens utlämning av balterna till Sovjetunionen (något regeringen långt senare bad om ursäkt för). Det blev en förfärlig uppståndelse, på den tiden var präster nämligen inflytelserika individer i samhället och deras ord vägde tungt. Inflytandet fanns tydligen kvar långt senare, jag slapp nämligen anmärkning när jag skolkade från gymnastiken eftersom jag var "prostens barnbarn".

Farfar blev en stor telogisk debattör och skrev åtskilliga böcker, men för oss barn var han gammal och fjärran. Vi hade ju vår amerikanska och exotiska mormor. Men även en gammal man som farfar hade varit ung en gång, även om vi barn inte kunde tro det. Det var därför med stor glädje som jag sent i livet fick tag på farfars icke publicerade berättelse om hur det var att vara ung pojke i Uddevalla. Berättelsen var förmodligen avsedd att publiceras i någon tidning.

FARFAR VIKTOR BERÄTTAR

Farfar var för länge sedan död, men han kunde ändå på gulnade blad berätta för mig hur det var att vara pojke i Uddevalla för drygt hundra år sedan:

"Ingen hjälpte oss, vare sig inom eller utom skolan. Vi fick reda och roa oss själva med våra ringa resurser. Det var bara att hitta på. Och vi hittade på en hel del, som tyvärr alltför ofta rönte föga uppskattning från samhällets sida. Därför kände man sig i ett mer eller mindre stadigt och moraliskt fullt berättigat oppositions, för att inte säga, krigstillstånd gentemot polis och andra representanter för borgerlig ordning.

Så var det till exempel förbjudet att åka kälke så gott som över hela stadens område, nu iordningsställer man ju istället kälkbackar och allt möjligt annat för barnen och de äldre får maka på sig.

Här var polisen mycket beskäftig och 'nosig' enligt den mycket bestämda uppfattning vi pojkar hade om ett välordnat samhälle.

Till och med kilometerlångt utanför staden till de präktiga Kapellbackarna vid södra landsvägen, utsträckte polisen sina räder. Ty trots förbudet, eller tack vare det, kälkade vi givetvis överallt och fick ta konsekvenserna.

Dessa bestod vanligen i att polisen tog kälken, eller ibland mössan i beslag och man måste anträda en förödmjukande Canossavandring till poliskontoret i det röda rådhuset vid torget för att få igen dyrgripen.

Man fick inte ens segla ifred på isstyckena i älven, när denna vid islossningen om våren gick upp och vilt forsande svämmade högt över den vanliga nivån.

Ovanför kyrkan brydde sig polisen inte om våra liv, men just nedanför forsen vid kyrkan och till 'träbron' var den allra bästa farten på vattnet, och där var det ofta polisbevakning på kajerna för att knipa de små syndare som inte hunnit dränka sig. Märkvärdigt nog minns jag ingen drunkningsolycka vid alla dessa jumpningar. Att hoppa från isstycke till isstycke kallades att 'jumpa'.

Det kunde hända lustiga episoder i detta pojkkrig med polisen. Ett par poliser står just vid en vårflod och ser en pojke komma seglande i vild fart på ett isstycke ner mot träbron. Bron vilar på ett fast stenfundament i mitten, som klyver rännan och tvingar den att dela sig och böja av intill respektive kajmurar där på ömse sidor nedanför bron där en stentrappa leder ner till vattnet.

Poliserna skyndade ned för var sin trappa för att knipa gärningsmannen, som på sitt isstycke måste passera intill kajkanten.

Men de tittade och tittade och ingen pojke kom. Hade han drunknat? Nej, när de tittade upp på bron, stod en triumferande yngling där uppe och hade väldigt roligt åt poliserna nere vid trappan. Det oväntade hade hänt, att isstycket hade av farten gått rakt emot brofundamentets utskjutande spets och krossats, varvid pojken

hade haft sinnesnärvaro och kraft att ögonblickligen hoppa upp och gripa tag om stenkanten och dra sig upp på bron.
Var så säker att denna triumf över polisen länge kommenterades!

Då uppskattade vi alls inte ordningsmaktens omsorg om de små i samhället. Vi uppfattade det bara som obehörigt intrång i den självklara mänskliga friheten, till vilken ju hörde att riskera livet, när man vill. Vad hade polisen med detta att göra?

Som sagt, denna stridsinställning hade inte alls med illojalitet och liga-pojksmentalitet och annat "omoraliskt" att göra. Tvärtom: vi var så snälla så innerst inne, och detta hävdande av vår rätt gentemot ett orättvist samhälle, var istället ett utslag av moral och lojalitet på vårt vis.

Medlen att hävda denna rätt stod bara i full samklang med den hårdförhet och totala brist på sentimentalitet, som hela vår miljö präglades av. När vi till exempel på läroverket hade snöbollskrig, ägde det inte rum, när snön var bara 'kram', utan först när det töat, så vattnet rann. Då först fick snöbollarna den tillbörliga hårdheten, när den vattendränkta snön kramades samman med det grova gruset på skolgården. Fick man en sådan boll i huvudet eller ansiktet, så kändes det som en projektil. Men det gjorde 'verkan'. Det blev också verkliga bataljer.

Och inte bara oss skolpojkar emellan. Utan med bönderna och polisen inte så sällan. Läroverkets helt öppna gård begränsas nämligen av två parallella gator, de enda som för ut till Östertull. Under snöbollsbataljerna drevs ofta den trängda parten ut på endera av dessa gator och kampen fortsatte på gatan med stor fara för fönsterrutor m.m.

Och trafiken stoppades givetvis totalt. Det kunde bönderna inte finna sig i, och jag minns hur de stundom sökte bana sig väg med sina blypiskor (snärtarna hade ofta en blybit i ändan för bättre effekts skull).

Men vanligen avvisade vi suveränt sådan fräckhet från böndernas sida, och då hämtade de ibland polisen. Och polisen fick samma mottagande. Det var ju vår gata! När vi behövde den för vårt snöbollskrig, vad hade då 'obehöriga' där att göra?

Och lärare och rektorer stod på vår sida, om polisen vände sig till denna instans. Rektor var då vanligen 'oanträffbar'. Skolan var en solidarisk värld för sig.

Vi uppfostrades som sagt, att aldrig klaga på hård behandling, vare sig sinsemellan eller från lärares eller annan överhets sida. Och framför allt: en pojke fick aldrig gråta! Då var man en 'pipesill' och skulle kläs i kjolar.

Men jag har undrat många gånger om den okänslighet för våra 'lidanden', det som andra förorsakade och det vi själva drog på oss.

Jag hade en gång fått en snöbolls-projektil rakt över näsan mellan ögonen, som bekant ett mycket känsligt ställe, med påföljd av ymnigt näsblod.

När det ringde in, måste jag stå länge i korridoren, för att försöka stoppa blodflödet, medan pojkar och lärare strömmade förbi in i klassrummet.

Man måste stå med huvudet bakåt. En förbigående lärare yttrade bara: 'Den där har fått vad han tål!' Man utgick ifrån att inget bet på pojkar. De klarade sig alltid!

Och det var förunderligt, hur vi klarade oss. Det hjälper ibland mycket, att man vet, att ingen hjälper en.

Vi levde efter en livsregel, som jag senare som ung präst hörde illustrerad uppe i Tornedalen, där folket uttrycker sig i mycket fyndiga ordspråk. Man framkastade den kvistiga frågan:
-Varför håller katten upp svansen?

Det rätta svaret skulle låta:
-Jo, för om katten inte gör det, vem skall då hålla upp den?

Det vet katten. Den är ett klokt djur. Därför håller den upp svansen själv.

Och man får nog ibland, här i livet göra som katten, om man skall kunna reda sig."

Så avslutade farfar sin berättelse om hur pojkarna för långt över hundra år sedan fick klara sig själva.

Tack farfar. Det var bara synd att jag var för ung för att lära känna dig, men tack för att du hade lust och ork och intresse att skriva ner det du skrev.

AMERIKANSK FRUKOST

Min första frukost i Kalifornien intogs på en westerninspirerad restaurang 1972. Den hette Chuck Wagon. En fem meter hög belyst cowboy hälsade de bilburna gästerna välkomna. Parkeringsplatsen var fullpackad. Klockan var 8.30 på morgonen.

Stekt mat till frukost? En svensk ryggar kanske tillbaka vid tanken att steka ägg, bacon, skinka och potatis i morgonrocken. Engelsmän eller amerikanare däremot, har inga sådana betänkligheter. De sätter gladeligen i sig en stekt frukost. I USA har man utvecklat detta till en konst där familjen går ut och äter en rejäl frukost på restaurang.

Mellan kl 7 och 10 på lördag och söndag morgon är det full aktivitet på många restauranger i USA. Då går folk ut för att äta frukost. Det gäller att vara ute tidigt eftersom det ofta blir köbildning utanför de populära restaurangerna. Där har det nämligen blivit ett folknöje för storstadsbor att sätta i sig frukostar mer lämpade för skogshuggare.

Servitriserna i sina pastellfärgade figursydda korta nylonklänningar var igång med att servera de hungriga gästerna på Chuck Wagon. Vi satt i typiska amerikan-

AMERIKANSK FRUKOST

ska bås, halvrunda soffor med höga ryggar klädda med läderimitation. Ett sådant bås är intimt och mysigt och rymmer 4-5 personer.

Frukosten började med bacon, skinka, stekta ägg, korvar och stekt potatis. Här skulle man inte tolerera den svenska ihoplimmade skinkan. Det skall vara kvalite' på frukostmaten i USA.

Servitrisen ville veta hur vi ville ha våra ägg stekta: "Sunny side up" eller "over easy" eller "over hard" dvs med gulan upp eller löst vändstekt eller hårt vändstekt. Här lämnades inget åt slumpen. Varje person fick sina tre ägg stekta i en liten rund ring, mycket prydligt och de var precis som vi beställt dem. I Amerika är frukostätandet en konst och en sann glädje.

För att skölja ner maten serverades flera sorters juicer och massor av kaffe. Inte svenskt kaffe. Men något man kallade för kaffe och som var så svagt att man drack det genomgående till maten, till lunch och middag också, som en slags måltidsdryck. Detta var innan Starbucks ens var påtänkt.

Amerikansk serveringspersonal är enormt serviceminded. De sätter en ära i att hålla kaffekopparna och vattenglasen fyllda. Man kan ofta hälsas med orden: "Hej, hur mår ni? Jag heter Marcy och jag är er servitris idag". Risken finns att Marcy kan bli lite väl intim och familjär men om hon är duktig håller hon den rätta balansen och får bra med dricks. Amerikanare gillar duktiga och trevliga servitriser och servitörer och det finns mycket pengar att tjäna på dricksen.

Obligatoriskt till amerikansk frukost är en hög med pannkakor. De bakas med bakpulver och blir högre och mindre än de svenska. Mellan varje pannkaka ligger en klick smör och ovanpå laggen tömmer man oftast lönnsirap, det finns andra sirapssmaker. Men vissa är så glada i lönnsirapen, som tillverkas av saven från lönnar, att de tömmer sirap även på den övriga maten. Skall det vara sött så skall det.

Om man inte blir mätt av detta finns det alltid olika sorters hemlagade muffins och mjälla scones vilka, för att göra det komplicerat, kallas för "biscuits".

På Chuck Wagon var det inte alls svårt att sätta i sig den härliga skinkan, de smörstekta äggen, den råstekta potatisen (hash brown) och de delikata pannkakorna med lönnsirapen.

Jag minns dessa frukostar med fascinerad glädje. Visserligen kände man sig helt utslagen efter en sådan kanonfrukost men det var kul ibland att dagen efter en fest samlas till frukost och kommentera gårdagen och framförallt att få njuta av god service istället för att stå i svensk brick-kö (som det var i Sverige på den tiden).

Man kan misstänka att denna sorts frukost kan bli nog så maguttänjande och vanebildande. Traditionen har säkerligen bidragit till de otroligt många överviktiga i USA. Jag har sett många av dem stappla ur bilen på väg in till sina frukostar, formidabla kolesterolkatastrofer.

Vi svenskar törstar intensivt efter att ta efter allt amerikanskt, både kläder, högtider och måltider. Det serveras ibland "American Brunch" på svenska restauranger, ett försök att efterlikna en amerikansk frukost men den serveras vid lunchtid. Det blir aldrig detsamma som en amerikansk frukost -- den skall serveras riktigt tidigt på morgonen.

Men då sover de flesta svenskar.

PERSPEKTIV 1988

Vi består märkligt nog av samma stoff. Både jag och diskbaljan från Hammarplast och Jupiter och Uranus och stjärnorna. Samma grundmateria.

Jag har gått ut i den kalla natten med frusen mat i en plastbalja. Det långvariga strömavbrottet innebär att den frusna maten mår bättre utomhus i minus 15 grader. Snön knarrar under fötterna. Det är kolsvart förutom ficklampans sken. Jag släcker den och tittar upp.

Inte ett moln på himlen. Det känns plötsligt befriande att det inte är enbart jag och diskbaljan som existerar, utan också stjärnor och planeter, oändligt långt härifrån. Och att vi alla består av samma stoff och att vi tillsammans bildar galaxer som tillsammans med andra galaxer bildar universum.

Sådana nätter behövs för perspektivet. På tillvaron.

Om den som i staden, i nattens mörker, är i färd med att rikta en spark mot någon försvarslös medmänniska på marken, stannar upp och tittar upp mot stjärnorna och får se vad jag ser, vad skulle då hända?

Skulle sparkaren besinna sig, inse sin litenhet och få perspektiv på tillvaron?

Vem vet? Jag vet bara att man i en upplyst stad inte

alltid kan se stjärnorna och att det för det mesta finns moln i vägen, både fysiska och mentala, som hindrar oss att se.

Det är svindlande tankar som kommer i vinternatten. Det blir kallt i kroppen. Jag återvänder in i det lilla huset, till det lilla perspektivet.
Men med det stora perspektivet inombords.

DIREKTÖRSKAN

Direktörskan var upprörd. Mycket upprörd. Inte en enda gång under den långa middagen hade advokaten använt sin serviett. Tre rätter. Och inte en enda gång. Servietten hade legat där lika nymanglad och fin som när serveringshjälpen brutit och placerat den på tallriken en timme innan middagen.

Han var en av stadens mer kända advokater. Nu var han avslöjad och stämplad av direktörskan som visste allt om etikett.

I bättre dagar hade hon haft kokerska, husa, barnjungfru, chaufför och hade varit den stora värdinnan. Hon hade minst femton serviser staplade i militärisk ordning i den fem meter långa serveringsgången i den stora våningen, i den lilla staden.

Direktörskan beklagade sig för sin följeslagerska. Hon gillade att ha en följeslagerska som fungerade som kombinerad springschas och beundrare. Direktörskan var nämligen van att alltid stå i blickpunkten och få beröm. Följeslagerskan varierade mellan mindre bemedlade väninnor, en hårfrisörska och släktingar. De måste alla var beroende av henne på något sätt, vara undfallande och framförallt uppmuntrande.

"Direktörskan är så fantastisk" sade man. Ja, direktörskan ansågs "fantastisk", men ingen gick närmare in på vad som menades med det. Var det att hon såg ung ut, var frisk, eller kanske rentav förmögen? Ingen gick in på några detaljer, men "fantastisk" var hon. Direktörskan.

"En sådan tur att han inte gifte sig med min syster. Jag skulle inte tåla en middag till med honom och hans orörda serviett" sade direktörskan till sin väninna som nickade instämmande. Väninnan hade helt omedvetet intagit samma sittställning som direktörskan.

Hon var en lojal väninna, ogift och definitivt ingen konkurrens för direktörskan. Dessutom var hon trevligt sällskap i bilen och bra utfyllnad på middagar och uträttade diverse tjänster och ringde telefonsamtal som direktörskan inte kände för att utföra själv.

Direktörskan tyckte att de flesta människor var "tråkiga" och behövde "piggas upp". Att människorna bedömdes som tråkiga berodde mest på att direktörskan var för självupptagen för att lära känna dom.

Hon var aldrig nöjd om hon inte dominerade ett helt sällskap. Begåvad med hög röst och en mission att "pigga upp" folk, vilket inkluderade små rop och nickande och breda leenden, lyckades hon alltid fylla och dominera ett rum vare sig de övriga i rummet ville det eller inte. De som inte föll till föga för den livfulla och charmiga direktörskan, stämplades som "tråkmånsar".

"Advokaten", började direktörskan när väninnan kom in med vichyvatten på en silverbricka. Hon hejdade sig och funderade på vilka konsekvenser hennes yttrande om advokaten kunde få.

Änkor fanns det ett överflöd av. En ogift herre mindre kunde innebära strategiska problem. Jo, det var ett dilemma. Hon ogillade bjudningar med för mycket kvinnor. Det skulle vara jämna par. Män hade en lugnande inverkan på kvinnor. Men det blev svårare med åren när männen dog en efter en och lämnade en drös med änkor efter sig.

Men den orörda servietten. Det var av en helt annan dignitet. Det var faktiskt en oförlåtlig synd. Så gör man bara inte. Nej, det gör man faktiskt bara inte, resonerade direktörskan. Och otacksam var han också!

Direktörskan hade gjort sitt bästa för att pigga upp advokaten. Hennes rop och huvudet på sned hade inte alls hjälpt. Inte det minsta. Alla andra hade skrattat så uppskattande. Han hade bara skruvat på sig, illa till mods. Nej, det fanns inte en chans för denne man, även om han var en känd advokat och ogift. Beslutet var fattat!

"Advokaten", upprepade direktörskan och nickade åt väninnan att hälla upp vichyvattnet i kristallglasen, "han var allt en riktig tråkmåns, tycker du inte det? Och jag som försökte pigga upp honom hela kvällen!"

Väninnan kände att det var dags för lite uppmuntrande kommentarer. "Du är helt fantastisk som du ställer upp för människor" fjäskade väninnan. "Det finns ingen som ställer upp som du. Jag förstår inte hur du orkar. Du är fantastisk! Verkligen! Det säger alla!"

Det hjälpte. Smicker fick alltid direktörskan på gott humör. Och nu när hon bestämt sig för att definitivt avpolletera advokaten kände hon sig belåten och log mot väninnan.

"Jasså du säger det", spann direktörskan. "Man gör ju sitt bästa. Vad mer kan man göra? Eller hur?" Hon mådde riktig bra nu. Hon satte sig tillrätta i plyschfåtöljen. Guldarmbanden rasslade när hon pekade på teven.

"Vi tar oss en drink! Var en raring och hämta in lite konjak så sätter jag på teven. Det är "Lagens Änglar" ikväll!" puttrade hon.

"Tacka vet jag Hollywood och Lagens Änglar. Där är advokaterna verkligen tjusiga. I det fantaaaastiska teveprogrammet", sa direktörskan och satte sig tillrätta, "är adokaaaterna minsann inga tråååååkmånsar!"

ANGELA FRÅN LONDON

Angela från London var fascinerad. Varje kväll lämnade hon den ombonade värmen i vårt hus och klev ensam ut i det svenska vintermörkret.

Det som lockade var svenska elektrifierade adventsljusstakar och adventsstjärnor, en mängd ljuspunkter i en mängd fönster. De lyste upp mysigt och märkligt i den svarta vinternatten.

"Varje ljus ser jag som en liten hälsning till mig personligen", anförtrodde Angela. "Varför skulle de annars ha gardinernaa öppna? I England drar vi för gardinerna på kvällen, mest för värmens skull, men också av tradition.

Men här är gardinerna vänligt öppna. Och alla ljusen i mörkret, de är så vackra och tröstande på ett härligt sätt."

Det var inte bara adventsljusstakarna som fick Angela att promenera i villakvarteren i Göteborg. Det var en annan exotisk upplevelse. Att som ensam kvinna kunna vandra omkring utomhus på natten utan att riskera att ofredas. Det kunde hon inte uppleva i London.

"Det känns så härligt att strosa helt ensam i mörkret utan oro och samtidigt njuta av friheten och ljusen i fönstren, som glimmande stjärnor," konstaterade en äppelkindad

Angela efter en av hennes många nattpromenader.

Jag berättar bara detta för er så att ni vet vad det rör sig om, om ni en vinternatt skymtar en ensam kortvuxen nattvandrerska som står och tittar in i era fönster.

Bli inte rädda, det är bara Angela från London som står där och njuter på sitt lilla speciella sätt!

EN LIMPA

Den har dykt upp igen. Historian från 60-talet om limpan. Som en kvinna hade i sin tuperade frisyr för att frisyren skulle se stor och fin ut. Hon fick sitta upp och sova, och när hon så småningom blev sjuk och intagen på Sahlgrenska sjukhuset, då hittade man både mögel och mask i limpan och i hårbotten.

Den historien känner alla till, i alla fall de som bor i Göteborg. Men ingen känner egentligen till vem den där kvinnan var som hade placerat limpan i sin frisyr. Det är alltid någon man "hört talas om".

Jag tror att det är en påhittad historia. Men det är klart, en limpa instängd i fukt och värme och en massa hårspray, och om en fluga lägger ägg i limpan, då kan det lätt bli larver. Varför inte? Det är snart gjort i rötmånaden.

Den första touperade frisyren såg jag så tidigt som 1959 när min franska och synnerligen eleganta moster från Paris kom på stor släktträff i Sverige. Hennes stora tuperade hår skilde sig väsentligt från de övriga kvinnornas små tillplattade 50-talsfrisyrer. Då var min franska moster en trendsättare men hon frös fast med åren i sin 60-talsfrisyr som på 90-talet hade utvecklats till något mycket stort och speciellt.

Apropå limpor, så kommer jag att tänka på historien jag hörde som liten, om "Flickan som trampade på brödet". Den har etsat sig fast i minnet. Flickan ville inte bli våt om fötterna, och tog det nyinhandlade brödet och la det i vattenpölen så att hon kunde kliva över torrskodd. Hon straffades hårt.

När hon satte foten på brödet, öppnade sig marken och hon slukades upp av underjorden. Det var straff det!

Det var nog meningen att berättelsen skulle lära oss att ha respekt för mat. Jag vet inte om jag blev så väldigt skrämd. Jag var nog mer fascinerad av den dramatiska händelsen.

Min fantasi hade placerat den dramatiska händelsen där Vasagatan möter Nedre Fogelbergsgatan. Där fanns den där pölen med svart vatten som flickan placerade brödet i för att kunna gå torrskodd över. Straffet kom snabbt. Uppslukad av underjorden. Både flicka och bröd. Schlopp! Svart och mörkt måste det ha varit därnere. Fanns det eld och djävlar också?

Jag fick kanske respekt för mat, det tror jag. Jag kan aldrig slänga matrester förrän de legat länge i kylskåpet och blivit riktigt dåliga. Då är det OK att slänga matresterna. När de ruttnat. För rutten mat kan man ju inte äta.

Respekt för mat i all rätt, men det jag var mest intresserad av när jag hörde den här historien om flickan som trampade på brödet, var inte hur det gick för flickan i underjorden, om hon blev plågad av djävlar eller uppbränd. Det var något annat, som jag tyvärr aldrig fick svar på. En detalj, kanske oväsentlig för de flesta, men inte för mig.

Det jag aldrig fick svar på, det var inte något djupt filosofiskt eller så. Det var helt enkelt en mycket praktisk fråga -- om det var en limpa, eller en hönökaka som flickan trampat på.

ACH LISELOTTE....

När vår älskade tyska barnflicka plötsligt slutade, och flyttade tillbaka till Tyskland var vi barn förtvivlade. Liselotte hade varit så omtyckt, så snäll och mamma avgudade denna starka och hårt arbetande tyska flicka som hade så gott handlag med barnen.

En dag var hon bara borta och det hemska för oss barn var att det kom så plötsligt. Utan förvarning. Utan farväl.

På femtiotalet hade nästan alla borgerliga familjer en tysk hemhjälp i jungfrukammaren. De kom från ett krigshärjat Tyskland och behövde tjäna pengar. Många skickade hem en del av sin oansenliga lön. Elsa, som kom efter Liselotte, hade en härligt doftande läderplånbok där hon stolt placerade sina sedlar.

Ibland plockade Elsa fram en fiol och spelade gnisslande och vemodigt och sjöng "Oh adee, adee mein Heimatland, mein Heimatland adee..." Sedan grät hon en skvätt av hemlängtan, och jag tyckte synd om henne som längtade hem så väldigt.

Några månader efter det Liselotte hade åkt hem till Tyskland och vi barn lugnat ned oss, kom jag ut från skolan på Karl Gustavsgatan och råkade titta upp mot en balkong precis tvärs över gatan. Råkade, säger jag. Jag har ofta råkat titta upp mot ett hus och sett någon som tittar ned på mig. Är det något man känner? Att någon tittar på en?

Vad jag såg på tredje våningen, på den stora balkongen, var en kvinna som skakade en matta. Jag såg genast att det var Liselotte. Men hon hade ju flyttat till Tyskland! Om hon fanns här i Sverige, varför var hon inte hos oss? Det hela var ofattbart. Omskakande.

Hur kunde Liselotte vara på balkongen på Karl Gustavsgatan när hon åkt hem till Tyskland? Vad var det frågan om?

Något vettigt svar fick vi aldrig av någon i vuxenvärlden. Som barn är man kusligt beroende av de vuxnas förklaringar och tillrättaläggande. Så det hela förblev en gåta. Det var inte förrän jag var tjugoett, som jag fick reda på vad som verkligen hänt.

Min pappa hade en kväll hört konstiga knackningar i elementen. När han närmade sig köksregionen och jungfrukammaren, uppdagades följande.

Det var Liselotte som signalerade till det tyska hembiträdet i jungfrukammaren i lägenheten ovanpå. Efter det att Liselotte hade givit signaler hördes högklackade kvinnoklackar i kökstrappan. Var hon på väg till Liselotte? Nej det var hon inte. Stegen fortsatte tre trappor ned och sedan tvärs över gården.

Gårdsporten låstes upp och upp för kökstrapporna kom en herre som togs emot i köksingången av Liselotte.

På dagarna arbetade Liselotte hårt och uppskattades av oss. På nätterna arbetade Liselotte också hårt, men med andra saker, och uppskattades då av diverse herrar som kom uppför den slingrande kökstrappan och gick igenom vårt kök, in till Liselotte i jungfrukammaren.

Mina föräldrar kunde inte låta Liselotte ta hand om

barnen längre. Det var därför som hon försvann så plötsligt.

Under de många åren, från det att jag såg Liselotte på balkongen på Karl Gustavsgatan, och till det att jag fick den riktiga förklaringen, när jag var tjugoett, såg jag Liselotte två gånger.

Första gången såg jag henne sitta på en bänk i Hagaparken. Hon hade blivit grövre och kraftigare, och ögonbrynen var starkt svartmålade. Jag kände igen henne, men jag vet inte om hon kände igen mig. Jag var tveksam. Jag hade ju fått acceptera vuxenvärldens version om att Liselotte hade åkt hem, och den versionen kämpade med det jag verkligen såg.

Sista gången jag såg henne vid spårvagnshållplatsen, hade hon blivit riktigt nedgången och var överdrivet målad. Hon kände definitivt inte igen mig.

Men jag kände igen henne. Hon var inte den billiga kvinna som kanske andra såg. Hon var inte ett fnask. Hon var något helt annat.

Hon var vår älskade Liselotte, som var så snäll och underbar, och som vi tyckte så mycket om, och som vi saknade så oändligt när hon plötsligt en dag försvann ur våra liv.

SLÄKTEN ÄR VÄRST

Min kollega talade ofta om sin släktingar, herr och fru Gnidén på Södra Vägen. Hon kunde inte låta bli att fascineras av deras oemotståndliga drift att alltid berika sig, alltid tillskansa sig favörer av olika slag och sällan visa någon som helst medmänsklighet eller generositet mot sin nästa.

Vi människor gör ofta det misstaget att tro att våra medmänniskor är ungefär som vi själva och blir besvikna när vi upptäcker motsatsen. Det kan ta sin tid att upptäcka ett mönster i någons beteende, men har man väl upptäckt mönstret är det som ett myggbett som aldrig slutar klia.

Sedvänjan att ta med en blomma, en flaska vin eller choklad när man går bort på middag är för de flesta människor något man gör med glädje, men för herr och fru Gnidén var det var ett stort irritationsmoment och samtidigt en utmaning -- det gällde att komma undan så billigt som möjligt.

Istället för en flaska vin kunde de ta med sig en halv flaska olivolja och skratta glatt om att det var ett "nyttigare alternativ, istället för vin". De hade köpt in ett dussin sådana flaskor till specialpris. Bäst före datumet hade gått ut men vem tittar förresten på det finstilta? Vem är

så *petig?*
Och måste man absolut ha med en ask choklad så räckte det gott med en sådan där liten Anthon Berg. Underbart god och lyxig men underbart liten och härligt billig. Den förträfflige dansken Anthon Berg borde adlas tyckte fru Gnidén.

Sedan fanns det ljus och servetter att tillgå om man vill komma undan riktigt billigt, eller varför inte ge ett enstaka ljus som man konstnärligt binder ett fint band omkring och tänder innan man ringer på klockan. Dramatiskt och imponerande och mycket billigt.

Det finns ju verkligen de som av ekonomiska skäl måste välja enklare presenter men det gällde definitivt inte paret Gnidén som hade gott om pengar på banken, både i Göteborg och Zurich. De hade kommit på att om man bara höll huvudet högt och skrattade glatt och sade "istället för en blomma" så brukade värdfolket acceptera det mesta, de var ju redan uppspelta och gästfria och tänkte tack och lov inte i samma banor som sina beräknande gäster. På så sätt kom herr och fru Gniden undan billigt.

Det var paret Gnidens mål i alla sammanhang, att komma undan så billigt som möjligt, speciellt när de hade gäster. De undvek att köpa vin på Systembolaget, då kunde gästerna nämligen ta reda på vad flaskorna kostade i Systemets katalog. Det var bättre att åka till Danmark eller Tyskland och köpa billigt vin med vackra etiketter. Flaskorna skulle se dyra ut, men kosta så lite som möjligt. Varför slösa dyrt vin på gäster, de dricker ju snart upp det och dagen därpå har de säkert glömt bort det usla vinet.

Paret Gnidén hade ett knep när de serverade "champagne" och med det menade paret Gnidén en billig sekt inköpt i Tyskland. "Champagnen" hälldes upp i extremt smala och höga glas. De smala glasen såg fulla ut, men de rymde väldigt lite. På så sätt gick det inte åt så mycket. Ja, det var ett rent nöje att vara sparsamma tyckte paret Gnidén. Det blev ett mål som i längden blev långt viktigare än vänskap.

Paret Gnidéns sparsamhet gällde även beröm. Beröm innebar att de kunde komma i en underlägsen ställning och bli ombedda att hjälpa personen i fråga som de dumt nog berömt. Så de höll tillbaka. Det var bäst så tyckte paret Gnidén.

Herr och fru Gnidén såg noga till att skydda sig från vårdbehövande äldre släktingar som de karaktäriserade som riktiga tidstjuvar och parasiter. De tänkte verkligen inte slösa tid eller uppmärksamhet på släktingar bara för att de blivit gamla -- det fanns alltid någon anhörig som uppoffrade sig. Låt dem ödsla bort sin tid om de är så dumma resonerade paret Gnidén.

Men det fanns ett stort undantag: om den vårdbehövande släktingen hade pengar eller andra tillgångar. Då var det något helt annnat. Då fanns det ett mål, något att arbeta mot -- värdefulla saker att trakta efter och pengar att lägga beslag på. Då fick livet plötsligt en mening för paret Gnidén. Då kunde både herr och fru Gniden bli riktigt trevliga och charmiga. Då kunde de till och med stå på huvudet om det så krävdes. De små charmtrollen.

Alla har säkert träffat på någon som är som paret Gnidén. De är alltid som charmigast när de kommit på ett sätt berika sig själva. Men deras charm är kortlivad. Så fort de fått vad de vill ha eller insett att det inte går att få något mer är charmen som bortblåst. Det påklistrade leendet är borta och Gnidéns har blivit sig själva igen. Likt reptiler sitter de där totalt känslokalla, med ögonen på skaft och med öppna gap, beredda att sluka nästa lättförtjänta tugga som passerar förbi.

Min kollega och de få vänner Gnidéns hade kvar höll sig klokt nog på avstånd och lät Gnidéns hållas. Det var nämligen fascinerande tyckte min kollega, att på avstånd studera dessa märkliga och påhittiga varelsers självviska och näriga cirkuskonster. På ett betryggande avstånd kunde de vara riktigt underhållande.

FILMFESTIVAL I GÖTEBORG

Vår käre Kalle skyndar
så väldeliga fort
och hinner aldrig lyssna
eller sitta
eller prata
med mig och dig
om mig och dig
om oss och dom
om liv och död
om kärlek och om sorg
om ditt och datt
och si och så.

Så Kalle skyndar snabbt
till Bio Capitol
till Filmen med stort F
som recencenten med stort R
har sagt
att alla måste se.
Den filmen handlar
om det enkla
det lilla speciella

FILMFESTIVAL I GÖTEBORG

om liv och död
om kärlek och om sorg
om ditt och datt
och si och så.

Så Kalle skyndar fort
till Filmen med stort F
den där
om Livet med stort L
och glömmer
att det faktist finns
en bit av Livet
mitt ibland oss
där bakom stress-ridån
nånstans
där du och jag
vi längtar och väntar på Kalle
för att få prata
om dig och mig
om oss och dom
om liv och död
om kärlek och om sorg
om ditt och datt
och si och så.

EN ALUMINIUMKASTRULL

Det var när jag fick se den gamla buckliga aluminiumkastrullen placeras mitt på bordet igen -- hon serverade mat direkt ur den -- som jag lite obehagligt förstod att här har tiden stått stilla. I UNGEFÄR SEXTON ÅR!

För sexton år sedan sattes nämligen samma buckliga aluminiumkastrull på samma köksbord dukat med samma udda bestick. Och då, en juldag, satt vi på samma gamla vingliga blåmålade avskavda köksstolar när hon serverade kokta brysselkål och kastanjer ur samma stora buckliga aluminiumkastrull. Vi åt visst också en torrstekt kalkon som inte räckte till alla.

Jag började nu studera köket noga i hopp om att finna något som ändrats. Ett par tomkartonger som jag minns hade stått framme i några år var borta, men i övrigt var allt sig likt. Sexton år hade gått spårlöst förbi. Nu satt vi här igen, och firade med en lunch att vi "hittat varann igen". Man vill ju glömma...

I England lägger värdinnan upp maten på gästernas tallrikar som skickas fyllda med mat runt bordet. Hon serverar sig själv sist men i detta fallet serverade sig värdinnan själv först med en stor träslev, och placerade därefter en portion på min tallrik. Det var ris och curry med små bitar av rökt lax. Det luktade starkt och fränt från laxen. Rätten hade ett indiskt namn. Plötsligt blev jag deprimerad.

Kan man bli deprimerad av att bli serverad varm rökt lax och ris ur en aluminiumkastrull? Det är kanske möjligt, men det var inte kastrullen som sådan, eller innehållet som gjorde mig deprimerad. Det var vad kastrullen symboliserade. Här hade hon, någon som jag tyckt mycket om, levt i sexton år som en övervintrande hippie, utan vilja eller intresse att förändra sin omgivning och förmodligen inte heller sig själv. Det var det jag anade när jag fick se den stora och buckliga aluminiumkastrullen på bordet igen.

Vad hade hänt mig under alla dessa år? Jag gjorde en frenetisk genomsökning av minnet. Något måste väl ha hänt? Jag hade väl inte stått stilla jag också?

Jodå, en hel del hade hänt. Jag hade bott i tre olika lägenheter, köpt ett fritidshus, köpt hushållsmaskiner, tre bilar och bestick hade jag bytt minst tre gånger bara för nöjes skull.

Det kändes lugnande på något sätt att veta detta där jag satt med de gamla udda besticken och försökte äta den indiska fisk-och-ris rätten.

Gamla vänner är trots allt gamla vänner och ju äldre man blir, desto mer försonlig till sinnet blir man. Och det kan vara naturligt att åter försöka känna lite av värmen man i ungdomlig iver och överoptimistisk framtidstro kanske kände en aning av, men som man undervärderade och refuserade för annat eventuellt intressant.

Det var väl denna sentimentalitet och lite grann av känslan att utbudet och möjligheterna numera är starkt begränsade, som styrde bådas våra viljor att återförenas när vi stötte på varandra på Kings Road.

Det var roligt att tala om gamla minnen. Och så blev det bestämt att vi skulle äta lunch hos henne nästa söndag. Och där satt vi, vid det gamla köksbordet på de vingliga stolarna och åt med de udda besticken igen.

Efter lunchen satt vi i vardagsrummet i de gamla korgmöblerna från 60-talet och drack kaffe. Allt var sig likt. Kuddarna i stolarna, av indiskt tyg, lika knöliga som förr, kanske lite mer nötta och blekta. På anslagstavlan ovanför skrivbordet, satt samma vykort kvar som för sexton år sedan.

Kunde vi fortsätta? Frågan hade inte formulerats, men hängde i luften. Hade vi båda bestämt oss för att glömma det där dumma som hände för sexton år sedan? Så mycket hade hänt mig att jag knappast kom ihåg varför vi grälat. Hade hon också glömt? Gräl är ju ofta baserade på bagateller som med hjälp av prestige och dumhet kan bli till oöverstigliga hinder.

När vi lite försiktigt tangerade ämnet blev hennes bleka kinder plötsligt rosiga och hon blev betydligt mer animerad än hon varit under lunchen. Ögonen blixtrade med energi. Allt vällde fram. Det som hon inte sagt då, sade hon nu. De gamla oförätterna låg där plötsligt färska och rykande heta. Hon återgav i detalj vad jag sagt, och vad hon sagt. För sexton år sedan. Ord för ord. Fantastiskt minne. Här dukades något upp som borde begravts. För sexton år sedan.

Det var inte så mycket jag kunde säga. Mentalt hade jag redan gått därifrån och stängt dörren. Nu var det bara fråga om en värdig sorti. Jag förstod att mitt beslut för sexton år sedan var riktigt. Man skall lita på sina instinkter.

EN ALUMINIUMKASTRULL

Hon följde mig en bit på vägen. Hon ville nämligen byta blommorna hos blomsterhandlaren på hörnet. Hade jag inte kommit ihåg att hon inte tyckte om röda blommor? Hur kunde jag glömma något sådant?

Hon liksom jag, förstod att vi inte skulle träffas mer. Men ingen ville medge det, och när vi skildes åt, så ljög vi båda två och sa: "Vi ses".

KONDUKTÖR 1965

Sommaren 1965 arbetade jag som konduktör på Göteborgs Spårvägar. En kille på gymnasiet var spårvägsfantast och inspirerade flera av oss andra att söka sommarjobb som konduktörer. På den tiden hade varje vagn en konduktör så det fanns måga jobb att söka.

Efter utbildningen fick var och en två uniformer från ett lager vid vagnhallarna i Majorna. En grå uniform för sommaren. En blå för vintern. Samt två ljusblå nylonskjortor. Efter lite praktik var vi färdiga för det riktiga livet som konduktörer.

Varje tågset hade en förare och två konduktörer så vi hade det trevligt vid ändhållplatserna där vi ofta hade tid för lite kortspel och kaffe, wienerbröd eller bulle till självkostnadspris. Det var en gemytlig stämning och mycket kollegialt. Alla var med i facket vad jag minns. Det talades om solidaritet.

Jag undrade hur det skulle kännas att sitta i båset framme vid ingången. Alla i vagnen stirrade ju på mig i profil. Och ibland skulle man ropa ut hållplatserna. Men det var inga problem. Lite värre var det att hålla reda på hur man skulle räkna ut hur många kuponger det var från exempelvis Ullevi till Marklandsgatan. Man fick lägga ihop zonens nummer för Ullevi, plus numret för centrum plus zonens nummer för Marklandsgatan och se vilken summa det blev och därefter ge beskedet: "Det kostar 4 kuponger".

Vi sålde hela kuponghäften eller styckvis. Det var två kuponger inom den centrala zonen, men det var tre kuponger till Olskrokstorget och det var många äldre damer som tyckte det var orättvist och tjuvåkte på två kuponger istället för tre. Jag satte fast en dam en (enda) gång och hon blev hiskeligt förbannad och skällde ut mig, men hon betalade 50 kronor som var bötesbeloppet då.

Folk räckte fram kupongerna som jag tog emot och stoppade i en smal springa som jag ömsom sköt ihop eller breddade med en liten spak. Sedan drog jag runt en vev som stämplade kupongerna och sedan räckte jag tillbaka dem till passageraren. Ibland var kupongerna så fuktiga och nötta, att det var svårt att få ned dom i springan. Jag gillade inte när folk hade kupongerna i munnen och sedan räckte dem till mig. Rätt snuskigt tyckte jag. "Du får stoppa in dom själv" sade jag då. De såg lite sura ut, men det var allt. Folk hade respekt för personal i uniform på den tiden. Jag kunde som konduktör säga till passagerarna på Lisebergs nattvagn att lugna ned sig. Försök det idag!

Det var många roliga och underliga historier som berättades för oss yngre av de äldre kollegorna. De handlade om allt möjligt, från erotik vid ändhållplatserna till den sorgliga berättelsen om "Järn-mormor" som tog livet av sig när hon inte fick köra spårvagn längre. Hon hade varit så upptagen med sitt speciella sätt att kontrollera smitare att hon körde rakt in i en annan spårvagn. Det var för många liknande incidenter. Hon fick sluta.

Det var nyttigt för mig som hade levt ett avskärmat

liv mellan Vasastan och lantstället på Hovås, att få se Biskopsgården, Kortedala, och Frölunda. Jag undrade var i all sin dar spårvagnen tog vägen när den lämnade centrum och dånade iväg ut till områden jag aldrig sett. Allt nybyggt var en kontrast till de förfallna stadsdelarna Haga, Masthugget, Annedal och Landala. Vasastans hus hade också mycket eftersatt underhåll.

Den sommaren som jag arbetade som konduktör på Göteborgs Spårvägar var hela familjen på landet och jag bodde ensam i den stora lägenheten på Vasagatan. Jag hade ingen aning hur man lagade mat och livnärde mig på en macka på jobbet och popcorn och jordnötter när jag kom hem på eftermiddagen.

Det var rena svältkosten men jag var nöjd med mitt liv och tyckte inte att det gick någon nöd på mig. Däremot blev min sommaruniform alldeles för stor. Jag gick till Spårvägen i Majorna där jag fått mina två unifomer och bad om en mindre storlek.

Tanken bakom detta var att om jag fick en ny uniform, kunde jag samtidigt bli av med uniformsjackan som luktade svett under armarna, ett arv från den tidigare innehavaren. Svettlukten hade inte försvunnit trots att jag lämnat in den på kemtvätt. Men jag nekades en ny uniform, jag fick vara nöjd med den jag fått, jag var ju bara sommarvikarie.

Jag fick leva med den främmande svettlukten från uniformsjackan och försökte dölja den med några stänk Old Spice aftershave varje morgon. Jag såg fram emot hösten när jag skulle jobba helger och det bästa av allt var att jag då skulle få använda den mörkblå uniformen.

Den luktade inte svett under armarna.

MORMOR OLGA OCH MORFAR FOLKE

Lysholmen på Särö är en imponerande villa som man skall se på håll, ute från havet eller från andra sidan av Lysholmsviken i det egentliga Särö. Och det är avsiktligt det där med avståndet. Morfar hade det i åtanke när han köpte den lilla kala halvön långt ifrån det centrala Särö där han bodde med sin familj. Morfar och mormor hade gemensamt byggt villa Florida 1913 som sommarställe på en av de tomter som hans pappa, grosshandlaren Axel Jonsson köpt till sina barn.

Morfar och mormor hade således hela släkten väldigt tätt inpå, föräldrarna och morfars alla syskon bodde ju i grannhusen omkring deras. Det var mycket släkt som kom och gick. Vad jag förstod på mormor, blev det lite för mycket av det goda för morfar. Men han hade lösningen på deras "trångboddhet" -- han skulle bygga ett nytt större hus som låg en bra bit därifrån.

Morfar hade sett sig omkring på Särö efter en lämplig plats för att ett nytt hus och en dag omkring 1915-16, mitt under ett pågående (första) världskrig stod morfar Folke på andra sidan av Lysholmsviken, full av entusiasm och pekade på en kal halvö. Vid sin sida hade han sin amerikanska fru Olga som skulle bli min mormor. De hade träffats i Paris och gift sig utan att hans blivande hustru hade en aning om hur barn kom till världen. Men nu visste hon. Hon hade redan fött åtskilliga barn.

Morfar var då fortfarande rätt smal och stilig. En kollega till mig berättade att hans gamla fastrar som bodde på Engelbrektsgatan såg min nygifte och stilige morfar gå till kontoret varje morgon i Göteborg från bostaden på Sten Sturegatan (1909) och därefter Berzeliigatan (1913). De gamla fastrarna som roade sig med att titta på förbipasserande, brukade säga till varandra: "Där går han, docke-pojken". Morfars stiliga drag ärvdes av min mamma och hennes systrar som alla var mycket vackra.

Och nu hade den stilige Folke och hans likaledes stiliga fru denna dag lämnat barnen hemma och promenerat ned från huset på Bassängbacken på Särö, en promenad på tio minuter tills de kunde se den lilla kala halvön Lysholmen på andra sidan viken.

Morfar pekade glatt: "Jag tycker vi skall köpa marken därborta" och beskrev ivrigt sina planer att bygga ett hus för familjen. Mormors reaktion var att det var ju bara en kal granitklippa utan ett enda träd – kunde man verkligen bygga ett hus där? Och så långt ifrån den övriga familjen?

Men morfars entusiasm smittade av sig. Mormor hade även hon ett kreativt och äventyrligt sinne, så det var nog inte svårt att få henne med på det projektet. Dessutom var det ju bra med ett större hus -- barnen fortsatte nämligen att komma. Det blev totalt nio.

Vi hörde ofta hur morfar som stilig smal student i Paris hade friat till mormor på Eiffeltornet i Paris och det lät så underbart romantiskt. Morfar Folke lär dramatiskt ha hotat med att hoppa ned från tornet om inte mormor Olga accepterade att gifta sig med honom. Jodå, hon var mycket intresserad. Hon var 18 år men förmodligen trött på att kuska runt i Europa om somrarna med sin mamma vars plan var att "kultivera" barnen, något som förmögna amerikaner ofta gjorde med sina barn på den tiden. I en tidningsartikel från 1951 citeras mormor:

"På vintern bodde mamma med min syster och mig först i England när vi gick i skola där, och sedan i Paris, då vi var mogna för fransk undervisning. På försommaren kom pappa över till oss och tog oss med på resor till Schweiz, Italien, Spanien, ja över huvud taget runt om i Europa. Och på hösten reste han hem igen. Vi var just inga vackra exemplar på tacksamma barn när vi gjorde våra resor. Svettiga och arga släpades vi från sevärdhet till sevärdhet, från plats till plats – ni skall tänka, så varmt det var att resa mitt i sommaren. Och jag var mycket lycklig, när jag träffat min make och vi gifte oss och jag äntligen fick ett hem att slå mig till ro i."

År 1918 stod Lysholmen färdigt. När själva huset var byggt, var det dags att bygga terrasser och trappor runt om huset. Matjord fraktades dit och träd planterades, mycket granar av diverse sorter. Ett växthus byggdes och där skördades så småningom mängder av persikor och vindruvor.

En köksträdgård på 4.000 m2 anlades med breda stengångar. Där fanns även ett hönshus. En lada byggdes nära havet där is som sågats i stora block ur havsisen på vintern förvarades under mängder av sågspån. Sågspånen var fin isolering och isen höll över sommaren till nästa vinter och användes till dåtidens primitiva kylskåp som hölls kalla utan elektricitet. Ett stort isblock placerades överst i skåpet där det långsamt smälte och droppade ned i en behållare under.

När el-kylskåpen kom behövdes inte ishuset längre och det byggdes om till en sommarstuga för min frånskilda moster -- på den tiden var skilsmässor ganska ovanliga och föräldrarna tyckte tydligen synd om min moster så hon tröstades med en stuga på en avstyckad havstomt. Inte dåligt!

Morfar var väldigt social, hade massor med vänner och inga ovänner, gillade att jaga, spela kort, fiska och framförallt att äta gott -- gärna en hummer till frukost! Han var jovialisk, okomplicerad och som sagt, mycket omtyckt. Mormor var också lika social, hade nog lite mer kulturella ambitioner (där var de olika) och hade mängder av projekt på gång. Hon var positiv till sin natur, bejakade andra människor och hade en unik utstrålning och charm. Hon målade, var med i Röda Korset och Lottorna och tillsammans hade de ett stort umgänge inklusive kungamiddagar när Gustav V bodde på Särö.

Det unga paret hade när de gift sig köpt färdiga paket eller möblemang för de olika rummen, de gjorde som folk gjorde mest på den tiden -- de var ju bara i tjugoårs åldern. Men allt eftersom de tillsammans läste engelska designtidningar och böcker började de inreda sitt nya hus på ett helt annat sätt. De lät till exempel en lokal snickare göra kopior av gamla engelska ekbord från 1700-talet. De tunga möblerna passade fint in i vardagsrummet på Lysholmen. Det hade först varit herrarnas rök-och biljardrum men byggdes om till ett större vardagsrum i mörkt trä, bjälkar i taket, blyinfattade fönster och guldtapet. En journalist döpte rummet till "Tudorrummet", men det namnet användes aldrig av familjen.

Det gamla vardagsrummet som låg i söder blev till en solig salong i ljusa färger som användes dagtid. Det unga paret som båda hade konstnärliga anlag hade säkerligen roligt tillsammans när de byggde sitt hus och specialbeställde möbler i början av tjugotalet.

Det där samarbetet yttrade sig igen mycket senare, i en mycket mindre skala, när min syster fick ett dockskåp (på femtiotalet) av mormor och morfar i julklapp. Dockskåpen då var ofta fyrkantiga, men de hade byggt om det med ett sluttande tak inklusive en skorsten på toppen. Taket var fint dekorerat med vackert målade tegelpannor. Men mönstret och utförandet var olika på de två sidorna. Jag tyckte att det var lite lustigt, och senare fick jag förklaringen -- mormor och morfar hade jobbat tillsammans på dockskåpet och de hade dekorerat var sin sida av taket. Det var ju kul att de gjorde så och det säger ju en del om deras förhållande, att de tyckte om att jobba konstnärligt tillsammans och hade sina egna identiteter och uttryckssätt. Kanske man måste bli äldre för att se symbolvärdet i detta fina. Det är ju just sådana små saker som ger en talande insyn i deras liv tillsammans.

Lysholmen var det perfekta huset för en stor familj där barnens vänner och föräldrarnas vänner alltid var välkomna. Det fanns många döttrar som skulle giftas bort och naturligtvis firades alla bröllopen på Lysholmen. När äldsta dottern Anita skulle gifta sig byggdes det till en "Stensal" av kullerstenar med tak och golv (blev senare en vinterträdgård och kallades då för "Stengården") Det behövdes nämligen utrymme för ett riktigt stort bröllop. Det sägs att det var lokala murare som ganska fritt byggde Stensalen, med mormor som gav instruktioner efterhand hur fönster och valv skulle placeras.

Mormor hade ett intensivt umgänge med damerna på Särö, som det var på den tiden bland välbärgade kvinnor. Och de tog nog sin plats med luncher och tebjudningar och annat. Mormor berättade att det var viktigt att imponera på varandra och en dag hade mormor en överraskning för damerna. Hon bjöd på en amerikansk lunch och efterrätten var hemmagjord glass som hon mindes den från sin barndom. Glass på den tiden när folk inte hade frysar, gjordes för hand i en maskin med is som kom från ett ishus, salt och mycket vevande.

Mormor hade ett minne från sin barndom i Florida när hon satt i kyrkan som låg mycket nära deras eget hus. Hon och de andra barnen längtade efter söndagslunchen som de skulle få när de kom hem från kyrkan. De kunde faktiskt höra gnisslet från glassmaskinen som vevades hemma i köket där de satt i kyrkan. Det gjorde det lättare att sitta still under gudstjänsten.

Och här på Särö många år senare, vevades glassmaskinen på samma sätt när mormor bjöd på hemmagjord amerikansk glass. Mormor hade funderat ut att en speciell person skulle servera glassen för att imponera på väninnorna från Särö. Den amerikanske generalkonsuln i Göteborg var bekant med mormor och han hade lånat ut sin svarte betjänt speciellt för denna bjudning. Och utan någon som helst förhandsinformation, dök han upp bland särödamerna till efterrätten och serverade den hemmagjorda glassen med vita handskar. De hade säkerligen aldrig sett en svart man så den bjudningen blev minsann minnesrik för dem. Många poäng för mormor Olga.

Under andra världskriget kunde inte mormor resa till Florida vilket hon gjort ganska regelbundet tidigare så förmodligen var huset ofta fyllt med hennes väninnor och deras välgörenhetsverksamheter. Kanske det inte fanns plats på Lysholmen för morfars manliga vänner med så mycket damer där -- jag hittade en av morfars många anteckningsböcker där han beklagar sig över alla mormors väninnor som fyllde huset.

Barnen hade också vuxit upp och det fanns inte så mycket mer att göra rent praktiskt på Lysholmen så morfar blev nog lite rastlös och vände därför blicken åt ett annat håll. Precis som när han köpte marken till Lysholmen och ville förändra sitt liv, så tänkte han i samma banor nu.

Han köpte ett torp i Fjärås 1946 som sedermera kom att kallas Määtorp efter Määberget i Fjärås. Det blev hans stora passion livet ut – en herrarnas högborg där de kunde jaga och spela kort, biljard och bräde hur mycket de ville och damerna kunde härja fritt på Lysholmen.

Määtorp var från början bara en liten stuga med ett sovrum och en lada, men den byggdes snabbt till 1948 med en länga bakom huvudbyggnaden. Längan byggdes med en speciell hålsten (Bosse-stenen uppkallad efter hans son Bo-Erling), som var lokalt tillverkad vid Fjärås cementgjuteri och morfars egen uppfinning. Han lär ha fått snilleblixten när han låg på Varbergs lasarett. Det hela var ett experiment som följdes av Chalmers om man får tro alla tidningsartiklar från den tiden. "Bosse-stenen" blev nog inte den försäljningssuccé som morfar kanske hade hoppats på. Hans ide' byggde på att isoleringen i form av "Kramforsplattor" som enligt de bilder jag sett, ser ut att vara lika stora som tegelstenar, stoppades ned i hålstenens ihåligheter. Tillverkningen av Kramforsplattan upphörde 1951, tre år efter morfars byggnation.

I den nya längan fanns sovrum, kök och ett litet badrum samt bastu i källaren. Det ursprungliga huset blev till en enda storstuga med bjälkar i taket, betsade möbler, bruna engelska chesterfieldsoffor i läder, samt en magnifik förhöjd öppen hörnspis med perfekt drag. Det var enormt mysigt, rustikt och väldigt jaktbetonat med uppstoppade örnar och rådjurshorn på väggarna. Överallt fanns antika kopparkärl som morfar samlade på.

Min ingifta morbror Sven tillbringade många helger med sin svärfar på Mååtorp där de åt gott, jagade, och spelade kort eller bräde. De var mycket olika till sättet, men mycket goda vänner. Tillsammans ägde de sex jakthundar som fanns permanent på Mååtorp.

Utomhus byggdes en hundgård för jakthundarna, en damm, hönshus, ett hus för gäss, och ett hus för ankor samt två jättestora vedbodar. En stor köksträdgård och fruktträdgård anlades, enorma mängder vårlökar planterades, och skogen blev till ett fint välansat promenadstråk med rhododendron och azaleor i olika färger. Det var en färgsprakande blomsterprakt på våren. Morfar var nu rätt korpulent och blev lätt andfådd och då kunde det vara bra att sätta sig ned på de många bänkarna som han placerat ut strategiskt längs skogspromenaden. En klunk konjak från den medhavda pluntan var alltid bra medicin. Det fanns mycket vackert att titta på och under jakten var bänkarna (alla var numrerade) bra när man satt pass.

Det var garanterat mycket folk på Mååtorp, både jaktvänner, familjen och andra vänner. Både mormor och morfar var gästfria och generösa. Och morfar hade varit klok nog att ta med sig Linnéa till Mååtorp, den kortväxta och muskulösa kokerskan som ju också gillade att jobba i skogen, koka mat till hundarna, brodera namnet "Määtorp" i korsstygn på alla lakan och handdukar, samt städa och laga mat. Kunde morfar ha en bättre hushållerska? Och kunde man bli bättre undfägnad någon annanstans? Knappast.

Morfar jagade, var en mycket bra skytt, så det fanns alltid kött i frysen, morfar var bland de första att skaffa frys, en exklusiv nymodighet på den tiden. Den hade märkligt nog ett lås på dörrhandtaget. Det var bara Linnéa som hade nyckeln dit. Den var alltid proppfull med kött från jakterna, svamp från skogen, bär från trädgården och annat gott som Linnéa hade lagat till. Det dök alltid upp gäster och naturligtvis skulle alla som kom in genom dörren stanna och äta. Även de som dök upp rent spontant. Mormor och morfar visste att Linnéa kunde trolla med knäna så man var alltid lika välkommen.

Mormor och morfar samsades om Linnéa. Men naturligtvis bodde inte morfar hela tiden på Määtorp, och mormor bodde också på Määtorp så det blev en blandning. Ibland hyrdes Lysholmen ut till en familj Lewenhaupt från Stockholm och då bodde mormor och morfar på Määtorp. Familjen Lewenhaupt lär ha haft besök av prinsessan Sibylla och därför kallas än idag ett av sovrummen på Lysholmen för "Sibyllarummet".

Jag har en känsla av att Linnéas främsta lojalitet var mot morfar, kanske bara för att han hade så många kul projekt på gång som Linnéa gillade, hon gillade ju också att arbeta i skogen och med annat praktiskt arbete.

När morfar dog, och mormor behövde henne, var hon lika lojal mot mormor. Linnéa gillade att vara den som klarade av allt och att styra sin egen sfär. Hon storvägrade hjälp av någon annan. Linnéa hade en otrolig kapacitet, men tilläts att ha sina utbrott då och då. Det var bara att vänta ut henne. Hon var ju så otroligt värdefull. Hon låste alltid sitt rum, hon hade en nyckel runt halsen och tillät ingen se hennes rum. Hon var vida känd för sin goda mat som tillagades på en vanlig 60 cm bred spis, på Lysholmen eller Mååtorp. Att göra middag till trettio personer var inga problem alls. Vi barn fick säga du till henne, den enda vuxna som uppmuntrade det. Hon var verkligen en personlighet som vi barn både älskade och hade enorm respekt för.

Linnéa var onekligen sin sin egen person, och det var synd om henne när en journalist från VÅRT HEM Special Nr.44 1951 gjorde ett reportage "Hos Jonssons i Götet" och samtidigt gjorde sig lustig på Linnéas bekostnad. Linnéa lär ha exploderat ordentligt och hotat med att sluta. Journalisten skrev så här:

"Skall man berätta om Lysholmen så måste husets tomte med i något sammanhang. Linnéa heter hon och huserar i köket och det är inte bara hennes tacksamma husbondfolk som tycker att hon är en riktig tomte när hon vakar till sena natten för att ta emot herrn och frun när de varit borta på bjudning eller stiger upp i ottan för att baka kakor att bjuda gästerna på till morgonkaffet. Linnéa tror själv också fullt och fast, att hon är av tomtesläkt. Hon är från Falkenbergstrakten, och talet i bygden säger att hennes släkt härstammar från tomtarna. Som en liten tomtegumma ser hon också ut, när hon kryper upp i spisen i familjens jaktstuga i Fjärås, tar av sig strumporna och kurar ihop sig

för att sova! Hon sover nämligen i spiselvrån och gjorde hon det inte, skulle antagligen alla jaktvännerna undra om Linnéa inte var frisk, så vana vid den lilla tomtemoran har de blivit."

Allt detta var naturligtvis en massa strunt som journalisten fantiserat ihop. Linnéa hade släkt i Varberg och Falkenberg och de visste att hon var en utomordentligt duktig kokerska. De måsta ha undrat vad i all sin dar detta var frågan om. Jag förstår att Linnéa var förolämpad in i själen.

På Määtorp fanns en lada i rät vinkel till huset och den var ombyggd till ett stort biljardrum, kontor. I ett litet rum fanns Linnéas sovrum. Betonggolvet var målat i en tegelnyans och Linnéa hade med hjälp av en tegelsten som mall, legat på alla fyra och med grå färg målat "fogar" så att golvet fick ett tegelstensmönster. Väldigt dekorativt. Men ett sådant jobb.

För att morfar skulle kunna ha stora middagar även på Määtorp, tillverkades stora fanerade björkskivor som lades ovanpå biljardbordet och därmed kunde upp till trettio personer sitta runt det stora fyrkantiga bordet – det var vackert på våren med björkskivorna, handtryckta allmoge-bordstabletter i ljusa färger, mässingskandelabrar, och en antik mässingsvåg i mitten av bordet med blomsterdekorationer i form av vårlökar och utslaget björkris på varje vågskål. Runtom bordet stod antika mässingsringklockor som bordsdekorationer.

Bordet var ett biljardbord med skivor lagda ovanpå och var därför betydligt högre än vanliga matbord, men det fanns alltid en lösning för min kreative morfar. Ett fyrtiotal stolar med rotting i ryggen och plysch i sitsen inköptes från ett kontor i Göteborg. Under varje stolsben skruvades en 4 centimeter hög dörrstopp av gummi. Så stolarna kom i rätt höjd till bordet. Bra lösning, förutom att kortväxta damer fick sitta med fötterna väldigt högt upp i luften. Men kanske bättre än att sitta med hakan på bordsskivan.

Morfar tyckte nog att det var onödigt med två hus, och hade avancerade planer på att sälja Lysholmen. Jag minns detta väl eftersom jag råkade höra mamma ge sin pappa en rejäl utskällning på telefon (mamma skrädde verkligen inte orden) när hon fick reda på hans planer. Hur kunde han göra så mot mormor? Hur kunde han förpassa henne till att bo mitt i skogen? Hon som älskade sitt Lysholmen! Morfar fick sig en rejäl avhyvling (förmodligen av de andra syskonen också) och han backade.

Det blev ingen försäljning. Och väl var det. Morfar dog långt före mormor och mormor hörde nog bäst hemma på Lysholmen även om Määtorp var nog så trevligt.

Sista gången jag såg morfar, var han ute i skogen med en yxa i handen och hackade sönder smågrenar på en stubbe (idag skulle man kanske använt en kompostkvarn) för att göra skogspromenaden fin. De större kvistarna ordnades till buntar (speciellt verktyg fanns för det) med snöre om. Dessa lades sedan i imponerande staplar i en av de stora vedbodarna som byggts av avbarkade, impregnerade klenare trädstammar.

När morfar först köpte Määtorp hade Linnéa varit suverän på att barka av de mindre träd som användes som byggnadsmaterial till vedbodarna som låg i anslutning till huset. Kvistbuntarna som morfar och Karlsson tillverkade i en speciell ställning, gjorde det otroligt lätt att få igång en brasa i storstugan. Man bara hämtade in en sådan bunt som var torr som fnöske och tände på. Därefter lade man på större vedträn som fanns i ytterligare en stor vedbod. Det brann som bara sjutton.

När jag beskriver allt som morfar företog sig blir jag imponerad av hans entusiasm och aktivitet. Mormor var likadan, fylld av samma energi i diverse aktiviteter. Tillsammans hade de ett stort och starkt inflytande på sina barn och barnbarn. När min moster Anita åkte på bröllopsresa var mormor sysselsatt med att möblera deras lägenhet och köpte bland annat in mycket exklusiva sidengardiner till deras vardagsrum, som den välbärgade maken fick betala, men tydligen var de en fin investering.

Vi hade mycket möbler i vår lägenhet på Vasagatan som mormor köpt begagnade men renoverat, målat och "antikat". Hon gjorde loppisfynd långt innan det blev modernt. På min pappas 40-årsdag kom en lastbil till vårt sommarstuga på Hovås med en vedbod som morfar byggt på Määtorp. De två hjälpte familjen på många olika sätt.

När min moster blivit gravid och fadern till barnet inte tänkte gifta sig med henne, åkte morfar och mormor till Stockholm på en övertalningsexpedition. Mamma påstod att morfar hade med en pistol, men den behövdes nog inte användas vad jag vet. Det blev ett giftermål i alla fall.

Ja, både mormor och morfar var båda färgstarka individer som satte sin prägel på familjen på olika sätt. Under andra världskriget när det rådde matransonering skickades mat till barnen som inte bodde hemma. Utan äggen från Lysholmen hade mamma som arbetade på ett kontor i Stockholm, inte klarat sig skrev hon tacksamt i sina brev hem till föräldrarna på Särö. I ett brev bad hon även att mamma Olga skall skicka henne en förlängningssladd och en dubbelkontakt. Sådana saker var det tydligen också svårt att få tag på under kriget.

Morfar var övertygad att han skulle överleva mormor som hade hjärtproblem och hade varit nära döden en gång när hon var femtio år. Men det fanns mediciner för hennes hjärta och hon överlevde honom med 17 år, och dog 88 år gammal. På den tiden talades det inte så mycket om kolesterol och morfar med sin enorma matglädje som stimulerades av Linnéas goda mat (mycket smör och grädde) levde farligt och dog när han var 74 år gammal av en stroke.

Mormor hade dåligt samvete för att hon lämnat morfar ensam på Määåtorp mitt i skogen den vintern han dog. Hon hade åkt till Florida. Fyra av mormor och morfars barn hade emigrerat till USA (mormors hemland) och förutom dem och barnbarn hade mormor två syskon där. Hon ägde dessutom, tillsammans med sina två syskon en del fastigheter samt familjens gamla hem Greenfield Plantation, en stor egendom med djungelliknande, oigenomtränglig grönska.

Det var inte första vintern hon tillbringade i Florida. Hon brukade åka med Svenska Amerika Linjens fraktbåtar, från hamnstaden Göteborg via en massa andra hamnstäder till hamnstaden Jacksonville. Fraktfartygen hade några hytter för passagerare och mormor kunde fylla hytten med presenter och annat i båda riktningarna vilket uppskattades av familjen på båda sidor.

Det var många månader som mormor var borta varje gång när hon reste till Florida och hon var en kvinna som efterlämnade ett tomrum när hon försvann. Jag kan tänka att morfar protesterade varje gång mormor reste, och just en gång, inte långt innan han dog, hade morfar protesterat extra starkt och ville att hon inte skulle åka. Han var ju väldigt korpulent och kanske han hade föraningar av något slag.

Mormor hade nog tagit för givet att morfar skulle finnas på plats som vanligt när hon kom hem från Florida. Hon var definitivt inte förberedd på det som hände. Hon kände sig väldigt skyldig och hade en jobbig tid innan hon fick balans på tillvaron igen. Mamma och min moster Anita flyttade ut till Mååtorp med mormor och bodde där några månader som stöd.

Linnéa hade gjort i ordning garaget på Mååtorp till ett kapell där morfar låg i vad som tycktes vara evigheter. Morfar var rädd för att läggas i jord och bli uppäten av maskar och hade ett önskemål att kistan med hans kropp skulle ligga i en igensvetsad zinkkista som i sin tur placerades i en betonggjuten grav med lock. Det tog månader att göra allt detta och mamma och hennes syskon var oroliga för mormor som tillbringade så mycket tid med morfar i kapellet. Det hela var inte utan dramatik. Mormor hade vid något tillfälle rotat i kistan där morfar låg och upptäckt att nedtill låg morfars kropp på halm, så det blev ett himla liv och allt fick göras om med riktig madrass och pyjamas och Mååtorps egna lakan med monogram.

När morfar till slut begravdes valde mormor de här orden på morfars gravsten:
"Folke Jonsson 1886-1961. Älskad av alla".
De som kände morfar förstod precis vad mormor menade. Men för dem som inte levde under den tiden, eller inte fått tillfälle att lära känna morfar och dit inklud-

erar jag mig själv, behöver man lite mer detaljer för att förstå människan. Jag har publicerat morfars brev till mormor och de är mycket passionerade. Han öppnade sitt hjärta och lät verkligen mormor veta hur mycket han älskade och saknade henne när hon reste iväg till Florida på vintrarna och var borta i månader. Breven hösten 1913 är särskilt rörande. Det var de breven som fick mig att vilja publicera hans brev förutom att de var så otroligt välskrivna.

I morfars brev till mormor lär man känna en far som tar hand om sina barn med kärlek, bygger en snöfästning på Lysholmen med dem, spelar kort och biljard med sin son när han kommer hem från jobbet. Han tar med barnen in till Göteborg och köper kläder, och berättar om detta för mormor detaljerat i sina vackert skrivna, alltid daterade och med en läslig handstil, brev som ofta blev mycket långa. Han är en rörande intresserad och engagerad make och far. Breven till barnen är mycket kärleksfulla. Människor som minns morfar idag berättar om en genuint vänlig människa som inte hade några fiender.

Den finaste beskrivningen av morfar Folkes personlighet skrev hans systerson, den begåvade Per-Axel Atterbom, släkt med skalden Per Amadeus Atterbom, och jag återger i helhet, hans fina ord:

Svenska Dagbladet 24 mars 1961:
Folke Jonsson in memoriam.

Det finns människor, som i sina liv tycks förverkliga en syntes mellan himmel och jord. De är bundna till det ena men ger ett återsken av det andra. Folke Jonsson var en av dessa utvalda.

Livet var slösande givmilt, men också g e n o m honom. Han levde livet här på jorden intensivt och med stor glädje av vad jorden gav. Men han gav också med samma slösande givmildhet åt andra. Han gjorde inte skillnad på person. Vem som kom i hans väg gjordes delaktig i det goda han själv njöt. Han var en god vän att lita på. Hans hjärta och hans hem stod alltid öppna för alla. Hans ord var fast liksom hans handslag. Tvetalan och förtal var oförenligt med hans uppriktiga väsen.
Hans livslust räckte till allt och för alla. Vad han tog hand om skötte han väl. Han satte pris på att göra det bästa av allt vad han föresatte sig att göra. Samma stormande livslust och intensiva omtanke genomströmmade hans verk vare sig det gällde barnens framtid, vännernas trivsel, en arbetsuppgift, ett samkväm, en jakt eller nyodling av ett stycke skogsmark.
Han var förvisso en av de utvalda som in i det sista bevarade gosselynnet och ungdomens friska verksamhetslust. Antikens vise höll före, att den som gudarna älskar får dö ung. Folke Jonsson fick gå ifrån sin levnads stora fest medan han hade roligt. Han lämnade den med en ynglings ofördärvade sinnelag, men också med en ynglings ljusa, friska mod och förtröstan. Hans minne skall leva stärkande och manande för många. Frid över det.

Särö den 23 mars 1961. P.A Atterbom.

Mormor överlevde morfar med nästan tjugo år.

Mååtorp såldes cirka sju år efter morfars död. Det var mycket svårt att hitta en köpare till Mååtorp, men det lyckades till sist. Det var långt ifrån vad morfar hade hoppats på när han 1950 skrev han ett "testamente" för Mååtorp som gick ut på att det skulle bli en slags stiftelse, inte skulle säljas på 100 år och vara en park som allmänheten hade tillgång till. Men så blev det alltså inte. Mååtorps möbler placerades i ett av de större sovrummen på andra våningen på Lysholmen som förvandlades till det rustika "torprummet". Det blev ett kärt andra vardagsrum för mormor, nära och bra till mormors sovrum.

Mormor avslutade sina dagar på sitt kära Lysholmen som morfar en gång verkligen lagt ned sin själ i, med ett av rummen som starkt påminde om morfars älskade Mååtorp -- tillsammans med den trogna Linnéa som precis hade krafter kvar att hålla skeppet något så när flytande.

Men det gick. Precis.

CENTIMETER SOM RÄKNAS

Direktörskan hade naturligtvis som vanligt en väldigt bestämd uppfattning som måste levereras till den omedelbara omgivningen, så jag lät henne hållas.

Vi satt på en exklusiv tesalong i ett tjusigt varuhus. Direktörskan hade spanat in en kvinna som åt en räksmörgås. Kvinnan hade ena armbågen på bordet och i handen höll hon en gaffel samtidigt som hon lutade sig mot väninnan. Det var något hos denna välklädda kvinna som irriterade direktörskan något så väldeliga. Hon lät inte vänta på sig.

"De klär upp sig hur fint som helst, talar sååå fint sååå, och sprätter alldeles kolossaaaalt", sade direktörskan. "Men det är en viss kroppsrörelse som avslöjar deras ursprung, som berättar för mig var de kommer ifrån" sade direktörskan nöjd.

"De tror att de gjort allt. Men de har missat det viktigaste" smålog direktörskan och torkade ena mungipan med en stärkt linneserviett. Hennes blick svepte lite allmänt över rummet.

"Det är bara en rörelse på mellan fyrtio och femtio centimeter som säger allt". Direktörskan kände sig nöjd nu när hon berättade för mig om de små sakerna i livet som avgör om man är "inne" eller "ute", accepterad eller inte.

"Det rör sig om", sade direktörskan med en gravallvarlig min, "hur man för maten på gaffeln från tallriken till munnen. Det rör sig om hur man tillryggalägger denna speciella lilla sträcka".

Kvinnan med räksmörgåsen viftade med gaffeln för att ge eftertryck till det hon berättade för sin väninna. Direktörskan rös till. "Tro mig", sade hon och spände blicken i mig för att inprägnta denna sanning i mitt sinne för all tid. "Det avslöjar allt!" Hon knyckte till lite med huvudet och fortsatte.

"Ju sämre uppfostran, desto kortare avstånd. Den primitiva människan halvligger helst på bordet och slevar i sig maten med huvudet bara några ynkliga och tarvliga centimetrar från tallriken". Direktörskan höjde på ögonbrynen och himlade med ögonen.

"Det är det som goda föräldrar tillbringar flera års uppfostran att förhindra. Det är det som de lägger ned så kolosaaaalt mycket tid på -- nämligen att öka avståndet mellan tallrik och mun till ungefär 45 centimeter. De kämpar för att få barnen att sitta raka i ryggen utan armbågar på bordet, att få dem att föra maten på gaffeln, snyggt och fint, utan spill, till ett vänligt och behärskat ansikte!"

Direktörskan ansåg sig vara lite av en lokal Magdalena Ribbing, kvinnan som var specialist på vett och etikett med egen spalt i Dagens Nyheter. Om hon hade varit yngre hade direktörskan säkert startat en blogg eller liknande och kanske fått ett följe.

"En tjugofem-centimetrare", väste direktörskan som inte kunda ta blicken från kvinnan med räksmörgåsen. Jag undrar vad Magdalena Ribbing skulle tycka om äldre damer som stirrar så intensivt på andra, men direktörskan kunde konsten att tala utan att röra på munnen och att stirra utan att det märktes.

Kvinnan med räksmörgåsen var propert klädd och det var inte det direktörskan hade något emot. Det var den där förbaskade armbågen och hur hon hanterade sin gaffel som var det allvarliga etikettsbrottet direktörskan valt att identifera denna eftermiddag.

Kvinnans armbåge förblev cementerad på bordet samtidigt som det välsminkade ansiktet böjdes alldeles för långt framåt där det mötte gaffeln på halva vägen. Direktörskan ansåg att gaffeln naturligtvis skulle föras *till* ansiktet och inte tvärtom.

Inte nog med det, emellanåt använde kvinnan gaffeln, som hängde från handen lite slak någonstans i luften mellan mun och tallrik, som ett pekverktyg för att ge eftertryck åt det hon sade. De två väninnorna skrattade gott och gaffeln viftades ivrigt i olika riktningar.

"Tänk, sade direktörskan, på allt arbete hon lagt ned på för att bli så fin, håret och kläderna. Allt förstört! Och det för ynka tjugofem centimeter!" Direktörskan var belåten där hon satt med all sin kunskap om etikett.

"Jag ser sådant som folk inte har en aaaaning om sade direktörskan. Jag är en liten Sherlock Holmes minsann", sade hon lite kokett.

"Det gäller att genomskåda folk från början så att man inte ger sig in på några dumheter. Som att beblanda sig med fel slags människor. Ja du vet vad jag menar raring.

Lika barn leka bäst! N'est-ce pas?"

PISTOLSKOTT PÅ STADSTEATERN

Det här hände när jag var på Stadsteatern häromdagen. Jag hade inte varit där sedan 1967 när man spelade Flotten och Hemmet, så kallad samhällstillvänd teater. På den tiden var jag tjugo och kände att det var något nytt och vitalt som höll på att hända. Att den teaterformen inte var något nytt fick jag lära mig senare, men det var skönt att inte veta det då, när jag var tjugo, en härlig tid då jag såg alla pjäser i sta'n och tyckte att jag befann mig i händelsernas centrum.

Drygt 25 år senare, verkade den stora salongen plötsligt liten. Trapporna som förut tyckts stora och kala, uppskattade jag på ett helt annat sätt. Den strama arkitekturen var behagligt enkel, ja ett mästerverk. En läcker stor bar mitt i foajen var en glänsande nyhet.

I pausen fick jag syn på ett ansikte jag kände igen. På väggen hängde fotografier av ensemblen. Mest nya namn. Men där bland okända ansikten fann jag ett ansikte från den tiden då jag var tjugo. DÄR VAR HON!

Och det var då det hände. Som ett pistolskott kom insikten: Hon har ju blivit en gammal tant! Tätt följd av nästa insikt: Om hon är en gammal tant, då är ju jag också bra gammal! Banalt kanske, men jag har förundrat mig över att det inte riktigt klickat till i min skalle förut att jag verkligen blivit ett visst antal år äldre. Rent förnuftsmässigt har jag naturligtvis vetat det, men det har aldrig liksom klickat till så där ordentligt som det borde ha gjort.

Men här på Stadsteatern blev det ett rejält klick i själen. Inte bara ett klick utan ett pistolskott: Hon, som varit så ung och energisk i alla pjäser, beundrad och bevarad evigt ung i mitt minne, bevarad precis som de siamesiska tvillingarna i formalinburken på Naturhistoriska museet.

De hopvuxna tvillingarna ser likadana ut idag som förr. De sitter där de alltid har suttit, intryckta i burken med formalin. Exakt likadana som när vi som barn rusade dit för att glo på dom det första vi gjorde. Vi var förmodligen glada att det inte var vi som satt där.

I formalinburken sker inga förändringar. Det är bara vi levande barn som förändras. Det var nog bra att jag gick till Stadsteatern den där kvällen. Ibland behövs det en nyttig tillrättavisning. Ett sådant där pistolskott i själen som jag fick på teatern.

Annars kan man ju lätt gå omkring och få för sig en massa dumheter. Som att tro att man är en oföränderlig varelse i en formalinburk!

GANSKA NÖJD FAKTISKT

Det var nog olämpligt att äta en iskall milkshake när det snöade ute. Jag huttrade hela vägen hem från McDonald's. Men jag hade gjort något viktigt: jag hade njutit. En liten njutning för tio kronor. Man måste nämligen anser jag, passa på att njuta då och då. Lycka består, har jag kommit underfund med, av en serie små njutningar och inte av den där stora hägrande lyckofantasin man drömmer om som ung. Så därför får det bli små njutningar då och då. En utflykt med familjen, en milkshake på McDonald's, en Cafe' au lait med en god vän, en oväntad komplimang. Det viktigaste i hela ekvationen är att man har vett att uppskatta de många små händelserna. För det är till slut de små händelserna, som staplade på varandra, förhoppningsvis, blir ens "lyckliga" liv.

Nej, lycka är inte något som bara flyger på en och fastnar som en kardborre. Lycka är ett mycket subjektivt tillstånd av välbefinnande där man själv styr en hel del.
"Det här skulle jag aldrig gjort, suttit på en bänk med en öl" sade min arbetskamrat när jag träffade på honom sittandes på en bänk i solen en fredag eftermiddag i juni klockan halv sex. Han drack en öl och mådde gott. Tänkte på veckan som gått och funderade på livet i

allmänhet. Kopplade av innan han tog pendeltåget hem till sina barn som han ensam har vårdnaden om. Kopplade av mellan rollen som ansvarsfull tjänsteman och rollen som ansvarsfull och hygglig pappa.

"Jag mår bättre nu än någonsin, när några år gått efter skilsmässan. Tar vara på livets goda stunder" sa han och log. Han mådde bra. Det syntes i de ljusblå ögonen.

"Du är modern sa jag. Att dricka öl efter jobbet. Det är modernt. Det gör dom unga. Går ut och tar en öl innan de går hem, precis som du!"

Men det är betydligt lättare för ungdomar att bestämma sig för att ta en öl än för en gammaldags uppfostrad fyrtiotalist med sprittabu att kämpa emot. Men det går tydligen, att traggla sig förbi gamla hinder och ta för sig av livets små njutningar.

"Jag känner mig faktiskt också... förnöjsam" Han var lite generad över att säga det lite gammaldags ordet.

"Förstår du vad jag menar?"

Det gjorde jag faktiskt. En stressad strebertyp som jagar genom livet med mobiltelefon i högsta hugg hade kanske inte förstått. Han hade kanske aldrig brytt sig om att stanna för en pratstund, men jag förstod precis vad min kollega menade. För jag hade tänkt i samma banor.

Att vara nöjd, eller förnöjsam är ett tillstånd som inte är alltför vanligt nuförtiden. Det talas helt enkelt inte om det. Men är det verkligen möjligt att vara nöjd med sin Kapp-Ahl-tröja när det finns märkeströjor? Jovisst. Det går alldeles utmärkt.

Det fina med att vara nöjd, är att man själv styr. Ingen annan. Och om jag bestämmer mig för att vara nöjd, så gör jag det så mycket lättare för mig själv. Då slipper jag att gräma mig för att jag inte har en Mercedes istället för den egna helt funktionsdugliga, men lite tråkiga bilen.

Luktar det hela superpräktig tråkighet? Nej, jag tror inte det. Förnöjsamhet har inget med tråkighet att göra. Man kan mycket väl kombinera förnöjsamhet med nyfikenhet och livslust.

Det kanske låter lite väl präktigt att tala om tacksamhet också. Men det hör ihop med förnöjsamhet så jag passar på. Det är bara dom som inget begriper eller inget tänker som mitt i välfärden säger "Vad har jag att vara tacksam för?"

Vi människor tror att livet alltid skall vara som det är när det är bra. Men livet vill oftast något annat. Inte kunde judarna i Tyskland som levde väl ingångna liv, med barn i skolan och allt tryggt och inordnat, någonsin ana att de skulle slitas bort från hus och hem och gasas ihjäl och eldas upp i ugnar som byggts speciellt för dom? Men det hände faktiskt.

Är vi beredda i lugna lilla Sverige på ett Tjernobyl på svensk mark? Att fly från hus och hem? Att hamna inhysta i en tysk förort för att Sverige är kontaminerat?

Vad gör vi om Ebolaviruset blir luftburet och vi får en pandemi?

Vi har god anledning att vara medvetna om det som är bra. Att vara tacksamma helt enkelt. Att ha vett att smaka ordentligt på det goda medan man har det, medan det serveras. Just nu. Det smakar nämligen aldrig lika bra retroaktivt. När det goda inte längre finns.

Eftertänksam blir man också när man läser Per-Anders Fogelströms böcker om hur det var förr i Stockholm. Då kan man till och med börja vara glad för att man vaknar i sin egen säng, utan sänghalm och utan en lungsjuk släkting bredvid som hostat hela natten. Och tacksam att vakna utan loppbett.

När jag tänker på hur man levde i Göteborgs gamla arbetarkvarter i Haga för knappt sextio år sedan, utan värme och badrum, är jag glad och tacksam att vakna i ett varmt rum. Glad att inte behöva hämta ved på morgonen för att elda i spisen för att få värme i huset och varmt vatten. Mitt hus hålls nämligen varmt genom fjärrvärme som leds i rör genom göteborgsleran till min källare. Där finns värmeväxlare som sköter allt automatiskt. Dygnet runt. Ett teknikens under. Ganska fantastiskt egentligen!

Så när jag kom hem, nedkyld efter milkshaken (den lilla njutningen på McDonald's) blev jag glad och tacksam att få komma hem till huset där det varma vattnet från Göteborgs Energi hållit huset varmt medan jag var borta. Tänk, hela huset. Varmt och gott. Så genialt och lyxigt! Och när jag sedan blev hungrig, fanns det mat i huset. Mat som inte ruttnat. Som hölls kallt i ett elektriskt skåp kallat "kylskåp". Så skönt att slippa sur mjölk och skämd mat. Skönt att slippa salt mat, gamla tiders enda sätt att konservera mat.

Och sedan istället för att gå ut på på backen för att uträtta mina behov, och gräva ned det som gjorts, fanns rinnande vatten och ett sinnrikt system av rör som transporterade bort det som gjorts till ett reningsverk för att göra blomjord av det hela. Ganska fantastiskt eller hur? Mycket att vara tacksam över.

Så mycket tid jag måste få över till roliga saker tänkte jag. Med alla dessa hjälpmedel, fjärrvärmen, kylskåpet och avloppssystemet. Det är ju inte klokt så bra jag har det, tänkte jag och fick en kick av bara tanken på hur bra jag hade det.

Sen fick jag en kick till, när jag insåg att jag själv kunde förse mig med kickar, genom att vara nöjd och tacksam.

Jo, jag var faktiskt ganska nöjd!

HEL OCH REN

Bland nyduschade och fräscha kollegor på kontoret fanns det en gammaldags snuskpelle som man ofta såg på måndag med samma feta hår som han hade på fredagen veckan innan. Han bjöd dessutom gärna på en kryddig snuskig kroppsdoft. Kollegorna hade svårt att lokalisera lukten till någon speciell kroppsdel, det luktade bara lite allmänt surt när han kom för nära.

Det var svårt att förstå att någon så enträget kunde hålla sig borta från duschen när alla hade rinnande varmt och kallt vatten tillgängligt dygnet runt. Tyvärr trodde snuskpellen dessutom att han var en stor charmör vilket gjorde det hela ännu mer oaptitligt.

"Du luktar skit!" Varför säger vi inte så? Det skulle tyvärr aldrig gå. Ovänner för evigt. Ingen löneförhöjning om snuskpellen är chef. Man gör inget. Bäst så. Lider och talar med varandra om det, medan snuskpellen förblir ovetande och går omkring och luktar och tror att han är världens charmgosse.

Men kontorssnusken var rena doftrankan jämfört med en korpulent A-lagare som jag ofta mötte på spårvagnen på lördagsmorgnar på väg in till stan. Han var rena snuskexplosionen -- en otroligt aggressiv lukt som fick folk att flytta på sig var han än satte sig.

Att duscha varje morgon är en relativt ny företeelse. När jag var barn på femtiotalet hängde det för det mesta tvätt i en hissanordning över badkaret och det var ingen som kunde eller kom på tanken att duscha varje dag.

Då och då togs det ett bad, pappa tog ett varje söndag och däremellan användes tvättlapp vid handfatet. Ungefär som man fortfarande till stor del gör i England. Där föredrar man ett rejält varmt bad och lustigt nog fortsätter väldigt ofta den heltäckande mattan från vardagsrummet in i det tröskellösa badrummet fram till badkaret.

Golvbrunn existerar inte men däremot en s.k "overflow", en ventil i badkaret så att vatten inte rinner ut på golvet, om man glömmer av att stänga av vattenkranen. Den heltäckande mattan läggs till och med runt toalettstolen och med tanke på hur duktiga killar är på att skvätta utanför så låter det tämligen snuskigt.

I USA duschas det däremot mycket flitigt. I nybyggda hus skall helst varje sovrum ha ett eget badrum. Amerikanska pensionerade män känns igen på sitt nyduschade, fettfria och fluffiga hår. Det är kanske den skillnaden, förutom kläderna, som gör amerikanska män så "amerikanska".

För min gamla tant Ingeborg, som bara hade kallt vatten och köksvask i arbetarköket, kan nog de varma morgonduscharna verka lyxiga. Det viktigaste för henne var att vara "hel och ren". Med hel menades att kläderna skulle vara hela, gärna lappade vid behov, men de skulle vara hela. Och att hålla sig ren var aldrig ett problem, det gick alldeles utmärkt även med kallt vatten.

Det hade varit något för kontors-snusken att tänka på. När han belåten och nöjd med sig själv och sin kropp och sin egen förträfflighet, flera gånger om dagen efter att ha dragit upp blixtlåset på jylfen och spolat toaletten, gick förbi duschen som erbjöd varmt och kallt rinnande vatten dygnet runt, och inte hade den minsta impuls, inte hade den minsta önskan, att ta av sig kläderna och kliva in i duschen.

FOLKE I LONDON 1931

Hotel Metropole
LONDON W.C.E
Tisdag 9:e januari 1931

"Min egen älskade Olga...."

Så började min då 45-åriga morfar Folke, sitt brev från Hotell Metropole i London till sin älskade Olga 41 år, min mormor. Han anlände till London klockan sju på morgonen efter en väldigt stormig överresa som han beskrivit mycket ingående som en av de värsta han varit med om. Båten var försenad 1,5 timmar eftersom de fick vänta på den skotsk-svenske operasångaren Joseph Hislop (1884-1977) -- "då han rest till Brottkärr för att äta middag, då han trodde båten skulle gå kl.7" Hislop var en celebritet och kunde tydligen stoppa fartygets avgång på detta sättet.

Morfar var i London på en av sina många affärsresor och han saknade redan sin älskade maka Olga. Han var på plats i Londons City klockan 10.30 och förberedde "lite laths affärer" som han uttryckte det. Han avslutade dagen med ett kontrakt på "60.000 buntar laths".

I England använde man på den tiden tegel till att bygga husets ytterväggar, men till innertak och innerväggar, användes en metod som heter "lath and plaster". "Laths" eller läkter på svenska, var träribbor som spikades med mellanrum på trästommar. Sedan putsades de, och putsen fäste i utrymmet mellan ribborna. Idag spikar vi upp gipsskivor istället.

Morfars pappa Axel Jonsson hade under åren sålt enorma mängder "laths" till England. Denna metod användes i England fram till 1930-talet då gipsskivor började bli mer vanliga. När England stod på toppen av sitt imperium byggdes det hus så det knakade för de väl avlönade tjänstemän som efter arbete i kolonierna återvände köpstarka till England.

Byggmästare byggde hela gator på spekulation på det speciella engelska sättet i "terraces", längor, där de smala husen hänger samman och varje hus har sin egen ytterdörr från gatan. När man går på en sådan typiskt engelsk gata idag ser man ofta en trappa på utsidan ned till en källarvåning "downstairs". Den var egentligen inte nedgrävd, utan byggmästaren fyllde upp gatan mellan husen med jord som de grävt ut för grunden när han byggde gatan, jorden måste ju ta vägen någonstans.

Med så mycket byggnation i England behövdes mängder av träribbor (laths) från Sverige, som de med glädje köpte av min morfars far grosshandlare Axel Jonsson. Han producerade sina "laths" av spillvirke i det egna moderna sågverket i Göteborg, mycket billigare än konkurrenterna. Han hade därmed avsevärda konkurrensfördelar och hade mer eller mindre monopol på lathsförsäljningen i England.

Morfar hade tagit över sin pappas firma Jonsson & Sternhagen. Axel Jonsson hade varit en mycket framgångsrik affärsman som bland annat köpt upp hela vassen på Hisingen, området där varven sedermera kom att ligga och han tjänade mycket pengar på att sälja marken. Axel Jonsson brukade säga till sina barn, "Nu går vi och skjuter några björnar". Det betydde att han tog hand om och betalade deras räkningar, så han var en mycket snäll far.

När morfar nu sålde laths i London 1931, befann han sig i ett historisk intressant skede, mitt emellan den stora depressionen som började 1929 och Kreugerkraschen 1932. Kreugerkraschen, tillsammans med den stora depressionen anses vara den största företags-och finanskraschen i modern tid (många av mormor och morfars vänner blev utblottade).

Morfar får kanske anses vara lyckligt lottad som lyckas sälja en del "laths" trots att depressionen lamslagit samhället och trots att gipsskivor gjort ett inträde inom byggnadsindustrin just vid denna tiden. Det tycks faktiskt rulla på för morfar, ja han "har mycket i görningen och stannar nog veckan ut här", skriver han. Morfar nämner inget om det ekonomiska läget där han sitter och skriver med sin prydliga handstil på hotell Metropols brevpapper. Han ville kanske inte oroa Olga därhemma.

Kreugerkraschen året därpå kunde ju ingen i sin vildaste fantasi sia om och att ett nytt världskrig bara åtta år i framtiden skulle sätta stopp för export till England, sådant är ju omöjligt att gissa sig till. Bäst att leva i nuet och det gjorde morfar Folke. Han berättar om vilka restauranger och privata klubbar han besökt och vad han ätit varje dag, mest sjötunga, ostron och grönsaker.

Morfar gillade att samtala med sin fru i sina brev, det tycks roa honom redogöra för saker, ofta med mycket detaljer som siffror och klockslag. Morfar vägde vid denna tiden runt 90 kg vilket nog var lite väl mycket med tanke på att han var rätt kortvuxen. Han och mormor har säkert diskuterat hans vikt och därav följer nog denna redogörelse:

"Du kan förstå jag försöker sköta mig då jag igår måndag för lunch blev bjuden av W. Ramsay till Royal Auto Club, och vi åt 6 ostron vardera samt därefter stekt sjötunga. Igår middag bjöd Dennis + Eriksson på middag i en fransk restaurant kallad Ivy varest en hel del teatermänniskor brukar äta och jag åt 'sole bonne femme' samt avslutade med lite franska bönor. Frukost idag ham & eggs, lunch bjuden på av W. Watts i City i hans club City Carlton Club, en av de äldsta i City, och jag åt grillad sjötunga samt en bit Camembert. Tillbringade tisdagen ensam på Metropole och min middag bestod av caviar samt stekt sjötunga med små ärtor. Ville med dessa förklaringar endast låta dig veta att än så länge jag kan, så håller jag mig till fisk och grönsaker ty jag känner att jag behöver det. Blir lätt trött av idel tankearbete och affärsprat".

Hans brev till mormor Olga under åren var små mästerverk som bevarats av henne i prydliga buntar. Detta brevet är alltså ett av många. Han är rätt detaljerad och pratar om att byta in sin 1929 Buick till en nyare modell.

"Fick telegram idag från Wallins som ställer i

utsikt att byta bort min bil mot den tvåsitsiga Buick som de har i butiken mot en mellanavgift av 4500 kronor. Ehuru jag anser detta en ganska god affär för mig, vill jag dock ej acceptera detta men telegraferade att om de kan ordna affären med 4000 kronor emellan, så skulle jag kunna gå med på det, om jag får avbetala som sist med 400 kronor i månaden. Går ej affären i ordning är jag lika nöjd, men pruta skadar aldrig. Hoppas du är försiktig om du fått din La Salle."

Morfar varnar mormor att vara försiktig med sin nya Cadillac La Salle som hon beställt, en jättestor amerikansk bil som rymmer många av de nio barnen. Med rätta varnade han henne. Hon kolliderade nämligen med tåget (mamma var med och klarade sig oskadd) och detta måste vara den nya La Sallen som beställts efter kollisionen. Den gamla var totalt mosad. Ja det gick ingen större nöd på morfar Folke och mormor Olga som då 1931, när så många andra människor i världen var totalt utblottade, bodde i stor villa på Särö med var sin bil.

Morfar var väldigt kär i sin fru och sina barn. Han avslutar brevet att han saknar mormor och längtar att få brev hemifrån. Det är rätt gulligt--han var ju bara borta *en vecka!*

ALBUM NUMMER FJORTON

Det var bara häromdagen, ja häromveckan egentligen för att vara helt korrekt, som de var här på besök från England, och nu sitter jag här och klistrar in fotografier från deras trevliga vistelse. I album nummer fjorton. Det betyder att det finns tretton andra album där liknande roliga händelser blivit till färgfotografier, som med tiden kommer att blekna.

Hur många fler album kommer det att bli innan den sista bilden klistras in? Det blir förmodligen en hel del tunga album. Som inte kommer att intressera de överlevande att skvatt. Vad kommer dom att säga?

"En sån massa skit han samlat på sig! Och en hel bokhylla med fotografier av folk som vi inte känner."

"Vi slänger skiten i containern!"

VITA NYLONSKJORTOR 1964

Den lilla tyska staden vimlade av vita nylonskjortor. Det var det enda plagg som unga och äldre män i den lilla tyska industristaden Buxtehude utanför Hamburg, hade att ta på sig när de ville vara fina sommaren 1964.
 Som sjuttonåring tillbringade jag en sommar här. Jag var praktikant på en fabrik som tillverkade myntinkast till automater, ett jobb som en släkting fixat. Samme släkting inkvarterade mig på hotell Riebesell.
 På dagarna i fabriken träffade jag alla möjliga människor, men på kvällarna blev det ensamt på hotellet. En moderlig kvinna på fabrikens förnicklingsavdelning med en stor barm under sin grå arbetsrock, reagerade på det underliga arrangemanget med hotellet. Naturligtvis skulle pojken flytta hem till hennes familj, menade den fylliga och moderliga kvinnan mycket bestämt och kramade om mig. Det hade säkert varit bra mycket trevligare att bo där, men jag var van att göra vad mina föräldrar bestämt, och bodde kvar på hotellet.
 Fabriken tillverkade myntinkast, själva hjärnan i alla godis-och dryckesautomater; en liten mackapär som efter kontroll av myntets storlek och vikt skickar en signal: "allt är OK, spotta fram en dricka (eller godispåse)!"

Det var alltså sådana här mekaniska myntinkast som jag och andra tillverkade på det amerikanskägda National Rejectors sommaren 1964. Första dagen sattes jag att borra skruvgängor i en hög med egendomliga plåtdetaljer som låg i en binge till vänster om borrmaskinen. Till höger fanns en annan binge där de färdiga detaljerna skulle läggas.

Där satt också Bärbel, en blond och fräsch ung tyska som utförde samma monotona arbete som jag. Räkneverket höll koll på hur många skruvgängor vi gjorde varje dag. Bärbel och jag hade kul ihop. Jag imponerade på henne med tyska sånger som jag lärt mig av de tyska nunnorna i min katolska skola.

Jag bytte arbetskamrater och avdelning varje vecka och fick snabbt klart för mig att lägst på den sociala skalan stod ogifta mödrar. Kvinnor hade sämre betalt än män och jag blev förvånad över att jag som praktikant hade bättre betalt än kvinnorna.

Mitt lugna liv i Buxtehude förändrades tillfälligt när tant Ingrid, mammas väninna, en erfaren affärskvinna, kom på besök. Hon bjöd ut mig och min kusin som också var i Tyskland.
"Zillertal bleibt Zillertal" (Zillertal förblir Zillertal) stod det på ölpalatset på Reeperbahn i Hamburg. Vi drack massor av öl och dansade på borden. Tant Ingrid passade på att varna de unga herrarna för dåliga kvinnor som kunde slå sig ner vid bordet och beställa in drinkar som man fick betala mycket dyrt för.

Tant Ingrids varning kom till användning redan nästa dag när vi två killar besökte "Galopp-Diehle". Det var en strippklubb en trappa ned med åsnor och hästar som sprang runt i en manege. Den som kunde hålla sig kvar på åsnans rygg vann en flaska sekt.

Ingen försökte rida på åsnorna den kvällen. Efter en mycket tam striptease, slog de lätt blåslagna och trötta stripporna sig ned vid vårt bord och bad om drinkar. Min kusin begrep plötsligt varken tyska eller engelska. Så det blev min uppgift att kommunicera med de törstiga damerna.

"Vi vill ha cognac" sade de. Jag nekade. Jag kom ju ihåg vad tant Ingrid sagt kvällen innan. Man är ju inte dum.

"Öl då", frågade de. Det blev nej igen. Vitsen var ju att inte låta dem dricka något vid vårt bord. Till sist lommade de iväg med två mark var till cigaretter.

För att vara på den säkra sidan, kallade jag till mig kyparen och sade att "Wir haben nichts mit diesen Damen zu tun". För säkerhets skull ville jag säga att vi inte hade något med dessa damerna att göra. Man vet ju aldrig vad de kunde beställa in vid ett annat bord och "låta" oss betala. Kyparen nickade införstående. Han hade med världsvana herrar att göra.

Jag hade aldrig varit borta hemifrån så länge. Det var nyttigt och jag talade tyska nästan flytande. Ett halvår senare, när jag åkte igenom Tyskland och gjorde ett besök på fabriken, hade många till min stora förvåning slutat. Bland annat Bärbel, den blonda flickan som borrat skruvgängor tillsammans med mig. Hon hade "hamnat på Reeperbahn" sade man.

Jag har ett fotografi av Bärbel där hon ler sött, förmodligen sexton eller sjutton år gammal. Hon har ett blommigt band i håret. Det gjorde mig ont att hon hamnat på Reeperbahn. Visserligen var det ingen framtid att jobba på fabriken som gjorde myntinkast, men jag tänkte på de blåslagna stripporna på Galopp Diehle som tiggde drinkar. Jag ville inte att Bärbel skulle bli sådan.

Men det är faktiskt mer än femtio år sedan detta hände, då jag hade dessa funderingar om vad som kunde hänt Bärbel på Reeperbahn. På kortet ler Bärbel fortfarande lika sött mot mig som förr, fortfarande sjutton år. Det som hänt Bärbel, det har redan hänt. Det är bara jag, som aldrig kommer att få reda på vare sig det ena eller det andra. Kanske tröttnade hon på Reeperbahn efter en vecka och återvände till Buxtehude, gifte sig med slaktaren i byn, fick sex ungar och har nu många barnbarn. Eller så dekade hon ned sig på Reeperbahn. Tänk om jag ändå visste!

Det enda jag med säkerhet vet är att de där mekaniska myntinkasten som jag och Bärbel var med om att tillverka sommaren 1964, de är hopplöst föråldrade och har ersatts av modern digital elektronik.
Och de vita nylonskjortorna? Som alla män i Buxtehude hade på sig sommaren 1964? Ja, skjortorna var visserligen lätta att tvätta och droppotorka, men de var varma och äckliga att ha på sig och det blev gula fläckar under armarna. Numera ser man aldrig vita nylonskjortor, vare sig i Buxtehude eller på andra ställen i världen De, liksom myntinkasten, är hopplöst föråldrade.
De är definitivt omoderna och bortglömda.

GÅVOR FRÅN SYDAMERIKA

Så kom den första frosten. Och påminnelsen att vi inte kan odla växter från Sydamerika utan konsekvenser.

Dahliorna som varit så fina så länge hade fått sig en knäpp på näsan. En köldknäpp. För dahlior och andra frostkänsliga sydamerikanska växter som potatis, squash och pumpor som under sommaren vuxit med största glädje, är det definitivt slut när frosten slagit till.

Det spelar ingen roll hur mycket de än prunkat fram till dagen innan frosten. Även om vädret är milt igen efter den där ödesdigra frostnatten, kan dessa växter inte fortsätta växa. Det spelar ingen roll hur mycket än solen fjäskar -- frosten har sprängt sönder deras växtceller och nu slokar de, sorgsna och svarta.

I Sverige är det roliga är över för i år. Vinterdäcken skall snart på. Här i norr skall vi snart fira Lucia och sätta ljus i alla dessa ljuslyktor vi har köpt in för den mörka årstiden.

Dahlior och de andra frostkänsliga växterna är en gåva från Sydamerika, men vi njuter dagligen av en annan gåva från Sydamerika: Varmt vatten. Det strömmar upp till oss i norr (från Sydamerika) via golfströmmen. Det kalla och salta vattnet i norr sjunker och på så sätt hålls golfströmmen igång. Vi borde egentligen ha ett mycket kallare klimat, vi här i norr ligger ju på samma breddgrad som Sibirien och Alaska.

Medan det varma vattnet från Sydamerika gör klimatet drägligt och de tända ljusen gör det mysigt, kan vi planera vilka färgsprakande dahliaknölar vi skall plantera nästa år för att göra sommaren till en fest -- en fest som varar tills frosten kommer.

"C44 KNÄHÖJD"

Ibland blir jag bara sådär enormt imponerad. Som när jag behövde en luftnyckel (för att lufta värmeelementet som blivit kallt). Och var fanns sådana nuförtiden i centrala Göteborg? Alla järnhandlare hade ju försvunnit.
Kanske Clas Ohlson hade sådana?
Frågade i informationen. Jovisst!
"C44 knähöjd" blev det rappa svaret.
"Därborta" sade han och pekade.
Och mycket riktigt, på hylla C44 därborta fanns luftnyckeln. Och mycket riktigt, precis i knähöjd.

Det är just i sådana situationer man blir så där utomordentligt nöjd och imponerad. Det var bara en liten nyckel att lufta elementet med, men för mig var det en betydligt större sak -- ett riktigt lyft den eftermiddagen.

MITT FYLLO

Jag har sett honom under många år på väg till mitt arbete. Hafsig, rödplufsig och med blicken i gatan. Vi möts någon gång i månaden år efter år. Ibland blir jag förvånad att han fortfarande lever.

Vi möts när jag är på väg till jobbet och han är på väg i riktning mot Systembolaget. Känner han igen mig? Varför är blicken alltid riktad mot marken? Skäms han?

Det är något sorgset över honom som får mig att tro att han är mer än pinsamt medveten om sin situation.

Han är så uppenbart nedgången. Det gör att man snabbt stämplar honom. Det finns liksom inga utrymmen för nyanser. Man tänker bara: "ett fyllo". Det är i den kategorin han hamnar. Under det samlingsnamnet, "ett fyllo".

Men hur gammal är mitt fyllo? Det är svårt att se igenom den förfallna fasaden, tandlösheten och den uppgivna hafsiga hållningen, men han är nog strax under femtio.

Medan jag gör mitt bästa att stiga upp i tid, duscha, borsta och flossa tänderna, ta på mig rena kläder, kliver mitt fyllo upp med bakrus och spritbehov och beger sig orakad på väg någonstans för att få tag på sprit. Han har sitt mål. Jag har mitt mål. Ibland möts vi.

Det är inte någon missriktad sentimentalitet som får mig att känna ett visst vemod när vi möts. Det är något annat. Det är regelbundenheten i våra ofta återkommande möten. De blir en naggande påminnelse, en varning kanske, ett slags medvetandegörande om den sköra tråden, den bräckliga balansen.

Om en kugge falerar i det mänskliga maskineriet, så kan man mycket lätt hamna utanför. Kanske lättare än man tror.

En gift man som vid skilsmässa både mister hem och familj kan lätt hamna fel.

En enkel operation på sjukhus kan gå fel och man kan hamna i rullstol och i ett oväntat och oönskat beroendeskap.

Ett överfall kan resultera i ett psykiskt handikapp.

Ett slaganfall kan göra den mest alerta och aktiva person till ett hjälplöst kolli.

Många plötsligt oförutsedda ekonomiska incidenter kan resultera i att någon förlorar hus och familj och hamnar på gatan som uteliggare.

Tråden är skör, det är det jag blir påmind om med mina möten med mitt fyllo. Tråden är skör och det gäller att uppskatta det man har och akta sig för att vara alltför kaxig i sin egen präktighet.

Det finns inga självklarheter.

FUNDERINGAR ÖVER EN GRÖN DAM

Det var julen 1965 och jag hade jobbat som konduktör på Göteborgs Spårvägar hela sommaren och jag hade aldrig i mitt liv haft så mycket pengar att röra mig med. Nu skulle jag minsann köpa en fin julklapp till mamma.

På den tiden var det mycket populärt med grönt porslin och vi hade gröna vin och ölglas och gröna tallrikar från Andersson och Johansson (som senare blev Höganäs) i vårt stora rustika kök på Vasagatan. Jag tyckte att en grön snapskaraff i form av en dam med avtagbart huvud, skulle bli den perfekta presenten till mamma.

Jag minns inte exakt hur den togs emot, men det jag minns mycket starkare är känslan jag hade julen 1965 när jag gick bland smågatorna runt Östra Hamngatan och varuhuset Ferdinand Lunquist (sedermera NK) och köpte julklappar till familjen. Jag som tidigare mest tillverkat egna julklappar upplevde den intensiva julhandeln som något extremt och undrade om det verkligen kunde "fortsätta på det här sättet".

Tant Ingeborg plockade ofta fram sin favoritfras. "Frossare och drinkare skola fattiga varda", var det möjligtvis den som påverkade mig? Jag tror inte det. Det var nog snarare skiftet mellan femtiotalets relativa återhållsamhet i konsumtionen och sextiotalets köp-slit-och-släng livsstil som gav sig tillkänna. På femtiotalet fick vi barn ärva varandras kläder (även kusiners kläder), de syddes helt enkelt om och blev som "nya". Kläder och strumpor som hade hål, "konststoppades" på Lappcentralen som var ett väldigt väl besökt ställe i Göteborg.

Kläder vårdades, borstades rena regelbundet och behandlades mot mal varje vår -- allt för för att kläderna skulle vara länge. I finare hem fanns det speciella "borstrum" för vård av kläder. Men det var då det.

Nu var det sextiotalet och jag hade jobbat som konduktör på nya moderna svenskkbyggda (Hägglunds i Örnsköldsvik) spårvagnar. Jag hade, vad jag tyckte var mycket pengar på banken, ekonomin blomstrade och folk i allmänhet hade betydligt mer betalt och de ville naturligtvis köpa saker för sina pengar. Så det blev en karaff till mamma.

När mamma för ett tag sedan rensade ut inför en flytt, fick jag tillbaka min gröna dam som jag nu har bevarat som en slags symbol, en minnesbild från 1965 och hur mycket som ändrats sedan dess. Vem kunde ana 1965 att så mycket som då tillverkades i Sverige, en dag skulle tillverkas Kina?

Vem kunde gissa att fisk som fångades i Nordatlanten skulle frysas ned hel, för att tinas upp i Kina och där fileas och frysas om för att skickas i retur till Sverige?

Vem kunde ana att Volvo skulle komma att ägas av ett kinesiskt företag?

Vem kunde ana att gatubeläggningen i form av massiva granitblock på Kungsgatan en dag skulle komma från Kina, det hade varit omöjligt att föreställa sig då.

Vem hade anat att de utländska besökarna som vi då,

1965, stolta visade upp våra varv för, skulle konkurrera ut de svenska varven drygt ett årtionde senare?

Vem kunde ana att de finländska sömmerskorna i Borås skulle bli arbetslösa när textilmaskinerna skickades till Estland och att all textitillverkning mer eller mindre upphörde i Sverige? Vårt shoppande har bara fortsatt och blivit än mer intensivt och verkligen extremt.

Ja mycket har ändrats sedan 1965. Man blir "enna" vimmelkantig av det hela. Jag tar tag i den bastanta gröna damen, snapskaraffen jag gav till mamma 1965. Där finns visst lite snaps kvar.

Skål!

BRA ATT HA

Det blir bara värre med åren. Samlar-manin. Jag har tur i oturen att bo i ett hus med stor vind och stor källare. Där hamnar sådant som jag inte vill slänga men inte heller vill använda just nu -- men som är bra att ha.

På vinden finns det massor med bra-att-ha kläder. En del plagg har jag inte använt på tjugo år. Ett försök till utrensning innebär en avsevärd mental påfrestning.

Varje plagg har nämligen minnen och framkallar alla möjliga slags associationer och tankeprocesser.

Den blå manchesterkavajen som var trevligt sällskap under det sorglösa och optimistiska sextiotalet har dykt upp med jämna mellanrum.

Som på ett kommando kommer reflektionerna; att tiden gått så fort, förälskelserna, omfamningarna, höjdpunkterna, tillfällen, missade chanser, världen idag och världen då. Och tänk om det blir populärt med manchester nästa år. Och kvalitén förr var alltid bättre.

Domen är avkunnad: Måste sparas!

Det blir en massa provande av gamla kläder också. De gamla utsvängda byxorna med låg midja. Var de verkligen så tajta? Eller är det jag som lagt på mig? Samma vikt, men en omfördelning av resurserna kanske? Och slappa magmuskler. Men det går att ändra på. Med lite gympa någon gång. Så småningom. Och då är det bra att ha byxor som passar. Sparas!

Och alla dessa polotröjor från sextiotalet. Jag har minst femton som ligger opåverkade av tidens tand. Finns det acrylmal? Hade malen hjälpt till, kunde tröjorna åtminstone hamnat i lådan med arbetskläder. I den hamnar skor och kläder som man definitivt inte kan visa sig i, men som är bra att ha när man arbetar.

Om man nu bara kan hitta lådan med arbetskläder när man skall arbeta. Det gjorde jag inte när jag skulle måla staketet i somras. Efter ett långvarigt letande bland femtio gamla T-shirts, som tillhörde kategorin "bra att ha" men ännu inte hamnat i kategorin "arbetskläder" och efter viss separationsångest, valde jag till sist en gul T-shirt med dålig passform. Den kunde jag måla i!

"Skall du ha den fina T-shirten på dig när du målar" var det första jag hörde när jag kom ut. Det var grannen Louise som tyckte till. Hon gillar också att spara på gamla saker.

Jag berättade för Louise om hur jobbigt det varit att hitta T-shirten och hur jobbigt det är att kasta det minsta plagg. Jag hoppades nämligen på lite tröst. Louise brukar alltid komma med något klokt och stöttande.

"Se hur det är i naturen" sade hon, *"där är det helt naturligt att samla på sig. Ekorrar gör det. Både djur och människor samlar på sig fett på kroppen inför framtida svältperioder. Det är med andra ord högst naturligt att du samlar på dig också! Helt naturligt!"*

En del kvinnor vet exakt vad dom skall säga vid rätt tillfälle!

"Ja en högst begåvad instinkt", sade Louise med eftertryck innan hon vände, och gick in till sig.

DAMERNAS DETEKTIVBYRÅ

Det är alltid lika roligt att läsa Alexander McCalls senaste bok i serien Damernas Detektivbyrå. Det finns nu totalt tretton böcker.

Alexander McCall Smith som även är professor i medicinsk etik och är gammal nog för att kunna kallas vis, har givit egenskaper till Precious Ramotswe, innehavaren av detektivbyrån i Botswana, som han själv säkerligen har; ett sunt förnuft, kärleksfull förståelse, vishet och respekt för människor. Precious Ramotswe är byggd på "traditionellt sätt", alltså ganska kraftig och det är hon helt tillfreds med.

Här har kvinnor definitivt övertaget och mycket av humorn ligger i kvinnornas vetskap hur män fungerar (ologiska, fåfänga och utan förståelse för hur kvinnor fungerar) och hur de kan styras på ett smart sätt så att de tror att det är de som bestämmer. En kvinnlig god vän som inte tittat så noga på författarens namn vägrade att tro att en man skrivit dessa böcker.

Jag undrar verkligen om en filmatisering kan fånga författarens respektfullt humoristiska beskrivning. Det är just tonen i berättandet som är så otroligt behaglig, den påminner mig om hur naiva målare uttrycker sig;

kärleksfullt och med en enkelhet och okomplicerad berättarglädje -- man mår helt enkelt gott av att läsa böckerna. Man går ner i varv och myser tillsammans med författaren. Här dricks afrikanskt koffeinfritt rött te i stora mängder och det är helt OK att bara sitta i skuggan av ett träd och fundera över livet och vara nöjd. Här uppskattas de små sakerna i livet. Ja, det hela är mycket charmigt.

Ibland undrar jag om det finns mineraler eller vitaminer i det röda afrikanska téet som gör att Precious Ramotswe mår så bra och har utvecklat en sådan fin livsåskådning.
Men Damernas Detektivbyrå i Botswana finns inte i verkligheten och trots att Precious Ramotswe och de andra rollfigurerna känns så genuint rotade i den Botswanska jorden och miljontals människor upplever dem som verkliga, så är de till syvene och sist skapade i huvudet på en traditionellt byggd skotsk vit äldre herre med tunt krusigt hår.
Sorry, det lät kanske lite bryskt, men det fick mig att tänka på den kreativa processen. Läsare som förälskar sig i en bok eller den värld som en författare skapat, det kan vara Harry Potter, Damernas Detektivbyrå eller Jane Austens värld -- dessa läsare tenderar ibland att se dessa skapelser som sina egna lika mycket som konstnärens.
De tänker nog inte på att en konstnär skapat allt detta i ett tomrum. Det är konstnären och endast denne som genom den konstnärliga processen har skapat hela denna värld som vi intagit och upplever som vår. Det är "food for thought" som engelsmännen säger, något att ha i åtanke, något att fundera över. För balansens skull.

SHALIMAR OCH LINOLJA

Shalimar, den fina franska parfymen är den doft jag associerar med min eleganta och charmiga mormor Olga. Hon hade tappat luktsinnet och var livrädd för att inte dofta gott, så hon öste på friskt, men eftersom Shalimar är en äkta parfym blev det aldrig för mycket av det goda som det kan bli med syntetiska parfymer.

Det fanns en annan doft som jag också associerar med mormor, och det är blandningen av balsamterpentin och kokt linolja som härrörde från hennes konstnärliga verksamhet -- oljemålningar, kinesiska lackarbeten, dalamålningar och mycket mer. Mormor hade alltid en färgpyts eller pensel redo. Mycket skänktes bort till barn och vänner. Mycket transporterades över till familjen i Florida och annat skänktes till välgörenhet via basarer och lotterier.

Mormors speciella talang, speciellt när hon var yngre och hade bra ögon och en säker hand, var kinesiskt lack. Mormor var säkert drabbad av trenden "chinoiserie" som kommit och gått sedan sjuttonhundratalet. Vårt underbara Kina Slott vid Drottningholms slott i Stockholm är ett helt unikt exempel på "chinoiserie"; människors förtjusning med allt kinesiskt. Mormor Olga hade åkt med morfar till England på en av hans affärsresor för att själv lära sig måla kinesiskt lack. "I Kina", berättade mormor, "lastade man möblerna på pråmar för att lacka dem ute till havs där det inte finns ett enda dammkorn". Så viktigt var det att få en alldeles slät yta.

På Lysholmen fanns inga möbler med kinesiskt lack, de hade givits bort till barnen i Sverige eller i Florida. Hemma hade vi en magnifik röd sekretär i kinesiskt lack, en svart byrå och ett bridgebord. Mormor hade en stor familj och många barn som satt bo och behövde möbler, så mycket hamnade hos dem.

Mormor Olga hade en möjlighet att transportera större möbler till sina barn i Florida dit hon reste regelbundet. I Göteborg var det bara till att lasta in dem i den stora hytten på Svenska Amerika Linjens fraktfartyg och i Jacksonville, Florida stod familjen på kajen med väntande bilar.

Varje fartyg hade ett fåtal passagerare ombord och mormors svåger Axel Jonsson var chef på rederiet vilket var en stor fördel. Det var en lång resa med uppehåll i hamnstäder, men mormor passade på att göra loppisfynd i hamnstäderna på väg till Florida. Hon lär ha spenderat en hel del tid i hytten med att dekorera och renovera sina loppisfynd enligt författarinnan Greta Molander som reste med mormor på en av dessa båtarna.

En av mormors väninnor, den förmögna dansksvenska Evelyn Busk, berättade glatt för Olga att hon lagt undan en lampa i kinesiskt lack hos en av de finare antikvitetshandlarna i Göteborg. Olga, som ofta agerade smakråd åt Evelyn följde med henne dit och Olga blev glatt överraskad -- det var ett av hennes egna alster som såldes som äkta kinesiskt lackarbete. Hon skrattade gott, men antikvitetshandlaren var minsann inte lika road.

Förmodligen härrörde lampan från tiden när mormor var mest aktiv med sina kinesiska lackarbeten. Hon lät då en snickare tillverka större lampfötter av trä som hon sedan dekorerade och därefter sålde eller skänkte bort till vänner eller Röda Korsets basarer. Olga lät även en smed/plåtslagare göra kopior av bordsdekorationer som hon sedan dekorerade med kinesiskt lack. Hon var väldans påhittig. Det lär även finnas två bridgebord i kinesiskt lack på det kungliga slottet i Stockholm som mormor gav till kung Gustav V, när de umgicks på Särö om somrarna.

Olga som i sina kinesiska lackarbeten använde en s.k "upphöjningsmassa" som användes för att göra figurer i relief, tyckte att den med fördel kunde användas till andra ändamål och skapade en världskarta på en av väggarna i vardagsrummet. Upphöjningsmassan applicerades med en strumpsticka och det måste ha varit ett fasligt arbete att göra konturerna för hela världen men Olga hade både energi och uthållighet. Det hela målades med guldfärg och "antikbehandlades" och det gav effekten av en guldlädertapet.

Mormors blomstertavlor var mycket omtyckta. Just blommor var hennes favoritmotiv. Mormor var aldrig främmande för att byta tjänster och jag minns att en rörmokare från Särö som mormor kände mycket väl absolut ville ha en av hennes tavlor, så de bytte tjänster och båda var nöjda. Hemma hade vi många av hennes riktigt stora blomstertavlor. Vissa konstnärer undviker att måla porträtt eller människor. Helt enkelt för att de målar det som de är bäst på. Men ibland kan man tvingas göra sådant man inte vill och då får man vara påhittig.

Mormor visade mig ett fotografi som hon hade blivit

ombedd att måla av. Önskemålet kom från en man som då och då kom och hjälpte till med trädgårdsarbetet.

Han ville ha en av mormors tavlor. Inte en av hennes sedvanliga blomstertavlor, tavlan skulle vara av hans gamla mamma, en liten gumma utanför en röd oansenlig stuga och några fruktträd. Det gick knappast att urskilja anletsdragen på den gamla damen under sjaletten. Mormor var ju mest van att måla blommor och hade aldrig målat människor så det var inte något som direkt tilltalade henne. Men mannen vill ju så hemskt gärna ha en tavla av sin mamma.

Som vanligt var mormor uppfinningsrik och kom på ett sätt hur det hela skulle lösas. Hon tog bilen till Kungsbacka. Hos fotografen lät hon göra en förstoring av fotografiet och fick det monterat på en masonitskiva. Sedan tog hon sina oljefärger och fyllde i och målade över så att det blev en riktig oljemålning. Det blev en rosa färg på mammans ansikte och rött på stugan och grönt på träden. Sedan lite skuggningar här och där. Snart syntes inget av det förstorade fotografiet. Det var bara oljefärg över det hela, snyggt inramad och en "äkta oljemålning" av generalkonsulinnan Olga Jonsson på Särö -- inga dåliga grejer.

Mormor Olga lärde sina barn att aldrig vara rädda för något och hon praktiserade det själv. I dödsboet efter Folke fanns en dyrbar tavla av en konstnär Sager-Nelson. En konsthandlare i Göteborg hade fått korn på att mormor ägde den och kontaktat henne. De hade fått ett muntligt löfte att få köpa den för tiotusen kronor, precis vad mormor behövde för att måla om Lysholmen. Men egentligen hade hon inte rätt att sälja den eftersom den tillhörde dödsboet som inte var skiftat, men konsthandlaren ringde och pressade henne rejält, jag minns samtalen. Mormor Olga gick till slut med på det.

Mormor ville inte ha något bråk inom familjen, så innan hon lämnade ifrån sig tavlan till den påstridige konsthandlaren lät hon kopiera tavlan av två olika konstnärer hon kände. Ingen i familjen skulle nu märka något när kopian (den bästa av de två) hängde på samma plats.

Men konsthandlaren som lovat att han haft en kund för tavlan och att ingen skulle få reda på att hon sålt den, placerade den omgående i skyltfönstret mitt i centrala Göteborg. Det blev en del tjafs inom familjen, men gjort var gjort. Incidenten är i alla fall rätt intressant, den visar lite av mormor Olgas påhittiga och orädda sida.

Ja, nog var mormor Olga påhittig. När de gamla trädgårdarna på Avenyn togs bort, såldes staket och grindar av vackert järnsmide som skrot. Mormor Olga såg värdet i det fina järnsmidet. Hon var ju konstnärligt lagd och påhittig. Hon åkte till skrotfirman Wockatz och köpte staket och grindar och lät en smed återanvända dem till villan på Särö. Det blev underreden till bord på loggian, grindar och dekorativa detaljer både här och där och det hela kostade bara några tior. Man kunde fynda på Avenyn redan då!

På Lysholmen fanns en lekstuga som byggts till barnen när de var små. Den var tillräckligt stor för en liten familj och hyrdes på senare år ut till yngre personer utan större krav på komfort men som gärna ville bo på Särö. Hönshuset strax bredvid hade byggts om till ett litet hus, lika primitivt som lekstugan men ändå populärt att hyra viket var en välkommen extra inkomst.

Dessa två hus fixade mormor och Linnéa upp varje år, de städade och målade. Här fick mormor Olga utlopp för sin kreativitet. Väggar och tak målades vita och mormor Olga dekorerade både väggar och tak med krusiduller och blommor över det hela med grön eller svart färg. Väldigt charmigt.

Mormor Olga var kreativ minsann och på femtotalet köpte min mamma upp lådvis med gamla smycken från Auktionskammaren med destination Olga. Mormor plockade isär pärlhalsbanden och andra smycken och gjorde fantastiskt dekorativa tändsticksaskar. Tyvärr finns inte många av dessa kvar idag.

Mormor trivdes bra med en pensel i handen och varje vår snyggade hon till trädgårdmöblerna på loggian med lite grön linoljefärg. Fort skulle det gå och en gång kom hennes väninna Ingrid Keiller och satte sig omsvept av en pälscape. När hon skulle resa sig upp hade pälsen fastnat i färgen som inte riktigt hade torkat. Ingrid Keiller blev väldans arg, men hon fick en ny cape av mormor.

Jag kan tänka mig att mormor skrattade gott åt det hela, hon hade en härlig absurd humor.

Hon var en underbar mormor!

ETT KLASSAMHÄLLE

"Hustru, gjuteriarbetare, fru, fabriksarbetare, änkefru, sköterska, fröken, målerimästare, smedmästare, kammarskrivare, hustru, tullöverkontrollör, handelsiderska, driftsmästare, asfaltläggare, lagerchef, elektriker, byråassistent, skriftställare, redaktör, ryktare, maskinist, filialföreståndare, kranmaskinist, restaurangarbeterska, betjänt, lagerarbetare, grosshandlare, trafikbiträde, tvätterska, förste maskinist, stationsförman, metallarbetare, pensionär, cykelreparatör, hemmans-ägare, fiskhandlare, skoarbetare, murare, cementarbetare, segelsömmare, kassörska, småskollärarinna, cigarrhandlare, pälsmakare, modist, styckmästare, telegrafist, stuveriarbetare, plåtslagare, grovarbetare, handsömmerska, tjänsteman, fastighetsägare, kioskföreståndarinna, ombudsman, handelsresande, rorgängare, vaktkonstapel, charkuterist, gjutare, kontorsbiträde, representant, skräddarmästare, guldsmed, greve, formare, praktikant, professorska, chefsredaktör, eldare, övermaskinist, charkuterihandlande,

ETT KLASSAMHÄLLE

travtränare, kontrollant, fosterbarnsinspektris, stationskarl, pianist, vagnsreparatör, väveriarbetare, rensare, tobaksfabriksarbeterska, hushållerska, bleckslagsmästare, byggnadsgrovarbetare, retuschör, 1:e postiljon, textilarbeterska, förgyllare.
(Titlar från bouppteckningsar 1963)

I femtiotalets klassamhälle var titlar oerhört viktiga, man var tvungen att känna till en persons titel för att hitta en person i telefonkatalogen. Efternamnet kom först, sedan titeln och först därefter förnamnet.

De som hade en "fin" titel använde den flitigt och i butiker var det ett oerhört fjäskande för "fint" folk. "Önskar disponenten något mer?" eller "Vill doktorinnan ha varorna till påseende?"

Idag vet vi kanske inte ens vad "till påseende" betyder, men det var vanligt att välbärgade tog med sig varor hem från affären, eller fick dem hemskickade för att där bestämma sig. Affären hämtade, efter en påringning sedan de varor kunden inte ville behålla och skickade en räkning på det man behöll.

Det syntes ju också på klädseln om man var "fint folk". För arbetare var lönerna låga och det fanns inte den uppsjö av billiga kläder som vi har idag.

GP:s bostadsbilaga berättade häromåret om en familj som hade hela huset i femtotalsstil. De hade gjort ett bra jobb. Orangea skåpsluckor i köket och fanerade teakmöbler i övrigt. Väldigt kul med en resa tillbaka i tiden. Men vem vill tillbaka till femtiotalets klassamhälle?

De som idag tror att alla lyssnade på Elvis på femtiolet kanske inte vet att det fanns klasskillnader mellan de borgerliga ungdomarna som gick på läroverk (gymnasium) och de från arbetarklassen som gick på folkskola (grundskolan).

De borgerliga på läroverket hade dufflar och långa stickade halsdukar och gillade oftast Tommy Steele eller dixieland. De från en arbetarklassbakgrund som gick på folkskola hade svarta läderjackor (skinnpajer) och Elvisfrisyrer och gillade oftast Elvis Presley.

Idag har skillnaden mellan "klasserna" suddats ut genom förbättrade löneavtal etc. Idag ser vi inte heller de "konflikter" mellan klasserna som kunde utmynna i årliga snöbollskrig mellan arbetarklassens elever på Götabergsskolan och de borgerliga på Hvidtfeldtska Läroverket i Göteborg. Skolorna låg bredvid varandra och det inbjöd till snöbollskrigen.

Sådana konflikter är inget som yngre journalister kan identifiera sig med och när de skriver om "femtiotalet" är alla lika och alla tycks gilla Elvis.

Tant Hilda var hemsömmerska vilket betydde att hon gick hem till folk och lagade allt möjligt familjen samlat på hög. Det kunde vara barnens kläder som skulle sys om till syskon eller släktingar. Hon kunde sy gardiner och överdrag eller lägga ut eller ändra herrskapets kläder, ja det fanns alltid mycket att göra.

Tant Hilda berättade en gång för oss barn att hon hade varit på varuhuset Meeths på Kungsgatan (Indiska ligger där idag) för att köpa ett fodertyg till en dräkt som hon höll på att ändra för en kund. Men hon hade blivit nedlåtande bemött av expediten.

Tant Hilda satt vid en symaskinen gjord av gjutjärn och trampade på den stora pedalen som drev hjulet. Hon var lite flärdfull och hade alltid högklackade skor, så hon hade lagt några veckotidningar på pedalen för att förhindra att klackarna skulle fastna. Vi gillade henne och samlades gärna kring henne när hon var i berättartagen.

Förmodligen var inte tant Hilda så fint klädd som de fina damerna från Vasastan och blev därför snorkigt bemött av expediten på Meeths. Expediten kanske själv hade blivit trampad på och såg någon "under sig" som hon i sin tur kunde trampa på. Rätt vanligt beteende.

Tant Hilda som alltid var glad och tyckte om att underhålla oss barn med historier, berättade hur hon satt expediten på plats och visat att hon minsann inte var fattig. Vi barn undrade naturligtvis hur detta gått till och lyssnade intensivt. Tant Hilda sade:

"Då minsann förstår ni, så plockade jag upp min portmonnä och lämnade fram *en hel hundralapp!* Då fick expediten så att hon teg" fortsatte tant Hilda triumferande.

Om man hade hundralappar i portmonnän på den tiden så var man minsann något! Det var en liten inblick i femtiotalets klassamhälle, ett samhälle som många av naturliga skäl inte känner till, men som ändå är historiskt och socialt intressant.

DEN EGENDOMLIGE DOKTOR BERG

Doktor Berg var en mycket speciell herre. Jag träffade på honom i ett antikvariat. Jag föll för honom på direkten. Han var intressant och mycket orginell, en läkare som skrev en läkarebok i början av nittonhundratalet. Boken var mycket populär och gavs ut i flera upplagor, min var tryckt 1918.

Den började alfabetiskt med ämnet "abcess" och slutade i andra volymen med ämnet "öronhygien". Däremellan dök det upp diverse lustiga ämnen som man inte skulle vänta sig i en läkarbok.

Där hittade man ämnen som "mode", "skönhet", "kleptomani" och "kaffe" och det tycktes vara speciellt kvinnor som fick sina slängar av doktor Berg. Lyssna t.ex på vad doktor Berg hade att säga om "mode":

"Vad är modet? En farlig tyrann. Särskilt för kvinnor är modet farligt emedan det förleder till försyndelser mot hälsans lagar...alla förståndiga kvinnor göra endast bruk av sådana moder som äro vackra och som passa deras egendomliga kroppsbeskaffenheter."

Henrik Berg gick inte närmare in på vad han menade med kvinnans "egendomliga kroppsbeskaffenheter", han fortsatte nämligen raskt till nästa ämne som var "moraliskt vansinne".

Under ämnet "kleptomani" fick societetsdamer ett tjuvnyp. I de stora världsstäderna var det nämligen vanligt skrev doktor Henrik Berg, att de fina damerna tog för sig av varor i fina juvelerarbutiker i den tron att de var osedda. Men i själva verket skickades räkningen till kvinnans man.

"Damernas man betalar räkingen och förklarar att hans fru har den olyckan att lida av kleptomani eller på, svenska översatt till 'tjuvmani'."

I Henriks värld tycktes det alltså bara finnas kvinnliga kleptomaner. Inga manliga.

Under bokstaven "k" gick det att läsa vad doktor Berg tyckte om kaffe och om kaffe tyckte han väldigt mycket. Under ämnet "kaffets och teets skadliga inverkningar" talades det inte om några oskyldiga drycker utan om mycket farliga drycker som ödelade livskraften, skadade matsmältningen och angrep nervsystemet. Henrik citerarade sin kollega doktor Bock:

"Vår tids nervositet och kinkighet beror huvudsakligen på kaffe och te. Kaffesysterns matsmältningsorgan befinner sig i ett tillstånd av kronisk rubbning som återverkar på hjärnan och alstrar en harmsen och lättrörd sinnesstämning."

Kan det möjligtvis, i det begynnande nittonhundratalet, ha varit något annat än kaffet som irriterade doktor Berg och doktor Bock? Kan det vara kvinnornas begynnande emancipation och inte kaffets påverkan på kvinnorna som irriterade dessa herrar?

Ja, det får vi inte reda på. Däremot ger doktor Bock

oss omedvetet vissa ledtrådar:

"Fina damer, som äro begivna på kaffe, hafa ett lynne, som jag skulle vilja karakterisera som en mani att spela rollen av förföljt helgon". Talar han om sin fru eller någon annan närstående kvinna?

Henrik lägger sig som vanligt i det mesta som har med kvinnor att göra och under ämnet "skönhet" predikar han att kvinnor skall ha långt hår. Om de klipper sig kan det bli som med männen -- de kan bli skalliga. Men han är vidsynt vår käre Henrik. Nåja, en del kvinnor får ha kort hår, men bara vissa.

"En 16, möjligen 18-års flicka kan ha sitt hår kortklippt (ryskt mode!). Många ryska socialister-nihilister-, anarkist-kvinnor ha det så, antagligen för att visa 'karlavulenhet' men ej anstår det Sveriges döttrar att efterapa dem."

Det är inte konstigt om kvinnorna blev lätt irriterade över alla moralgubbar på den tiden. Doktor Berg predikade nämligen också avhållsamhet. Inget sex före äktenskapet. Inget sex inom äktenskapet annat än vid alstrande av barn.

Under ämnet "sexuell neuresteni" ges rådet: För att mannen skall låta bli kvinnan, kunde man sätta upp en skärm framför kvinnans säng -- för att mannen inte skall frestas. Frestades inte kvinnor? Tydligen inte.

Att använda preventivmedel ansåg Henrik vara direkt förkastligt. Han kallade användningen av preventivmedel för "äktenskaplig onani". Han varnade för vad som kan hända med den stackars kvinnan om man skulle våga sig på att använda preventivmedel:

"Hennes humör blir odrägligt. Varje litet yttrande av den äkta mannen giva anledning till de häftigaste förebråelser och sparlakansläxor (utskällningar), tårar och skandalösa scener."

Dr. Berg säger vidare att om man använde preventivmedel skulle kvinnan åldras i förtid, bli blek och slapp i alla kroppens organ och uppföra sig på följande sätt: "Dessutom berörs minnet: somliga göra längre pauser mellan orden, andra tala i kortare satser och göra så en paus under vilken de se på åhörarna, som om de ville utforska vad verkan dessa ord gjort; åter andra tala ytterst fort utan uppehåll. Egoismen gör sig mer gällande."

Allt detta skulle alltså enligt herr Berg förorsakas av att man använde preventivmedel i äktenskapet!

Stackars herr Berg! Stackars kvinnorna på den tiden. Vi kan skratta nu, men Dr. Bergs böcker var väldigt populära och vi kan bara vara glada över att tiden gått och saker förändrats till det bättre.

ÄGGET I KUNGSPARKEN

I början av femtiotalet dök det upp en skulptur i Kungsparken i Göteborg. Det var en lekskulptur kallad "Ägget" eller "Påskägget" av den danske skulptören Egon Möller-Nielsen. Materialet var gjuten betong och äggets utsida, skalet, hade ett rutmönster som vi idag identifierar som typiskt femtiotal.

Det var en "lekskulptur" och skulle förmodligen både vara en prydnad och något för barn att leka inuti -- den var nämligen ihålig. Det var en perfekt placering där i ena sidan av Kungsparken, där lekte nämligen många barn inklusive barnen från Katolska skolans kindergarten där jag och mina syskon gick.

Kindergarten var inhyst i ett rum i KFUMS hus på Erik Dahlbergsgatan och styrdes av syster Damasia. Hon kunde verka lite bister och hade definitivt pondus. Henne bråkade man inte med. Hon var lite annorlunda än de övriga nunnorna. Hon gick sin egen väg. Hon sade "du" till min mamma ett par årtionden innan dureformen genomfördes och hon gick inte till den katolske tandläkaren som alla de andra nunnorna gjorde.

Syster Damasia var rätt kraftig och med doket och de långa kjolarna kändes hon ganska stor för oss småttingar som stod på rad för att syster skulle plocka upp sin

fickkniv och skära skåror i våra medhavda apelsiner.
   Det var en lugn atmosfär i kindergarten. Men det fanns en sak vi alla fasade för. Det barn som av någon anledning råkade kissa på sig, fick ta på sig ett par enormt stora, kraftiga rosa underbyxor som syster hade liggande i ett skåp. De var skräcken direkt.
   På rasterna lekte vi i Kungsparken och det var på så sätt jag kom i kontakt med den äggformade lekskulpturen. Man kunde krypa in i ena ändan och ta sig upp och åka ned för en rutschkana och komma ut på andra sidan. Det var många som gjorde det och hade väldans roligt, men jag höll mig av någon anledning utanför.
   Jag har många gånger på senare år när jag passerat ägget, funderat över varför jag aldrig gick in i det. De andra tycktes ju ha så roligt när de klev in i mörkret och kom ut på andra sidan. Jag har som vuxen tittat på ägget igen och känner samma sak som då. Det var något instängt och klaustrofobiskt över att krypa in i det trånga utrymmet. När det regnade var det vått i ägget. En gång hade någon bajsat där så därefter var ägget definitivt oaptitligt för mig.
   Jag undrar om det är ett uttryck för ett primitiv försvar, några gener från Neanderthalmänniskorna som vi alla bär på. Det kunde på den tiden innebära en fara att krypa in i mörka hålor och grottor. Att vara försiktig kan vara en överlevnadsmekanism, men också ett sätt att missa positiva erfarenheter. Applicerat på livet i stort så kan en sådan försiktigsinstinkt betyda skillnaden mellan liv och död, en distinkt fördel.

   Syster Damasia var väldigt bestämd och påverkade oss små barn naturligtvis. I parken lekte andra barn och några pojkar var busiga och högljudda och syster

Damasia sade föraktfullt: "gatpojkar!" Barn snappar upp vuxnas ord som sedan kan dyka upp i barnens mun vid de mest oväntade tillfällen och sammanhang. När jag som femåring fick följa med vår barnsköterska Ewy till hennes föräldrar på Rörö var detta en höjdpunkt. Det var spännade att träffa Ewys föräldrar, farbror Knut och tant Margot.

På söndag när hela familjen promenerade tillbaka från kyrkan var det många som ville hälsa. Det var en liten ö där alla kände alla och de flesta hade varit i kyrkan. På Rörö var många väldigt religiösa, bland annat farbror Knuts två systrar som kom fram för att hälsa på oss.

Vuxna gör ibland misstaget att skämta med barn, men barn förstår inte skämt och ironi, de tar allt på fullt allvar. En av farbror Knuts systrar ville skoja lite med mig och sade:

"Nu tar vi med oss farbror Knut hem, han är vår lillebror..."

Detta upplevde jag som väldigt hotfullt och sökte i den femåriga hjärnan efter ett lämpligt svar. Jag hittade orden som syster Damasia kallat de busiga pojkarna, de hade ju varit "gatpojkar" och de hotfulla systrarna som hotade att kidnappa Ewys pappa var kvinnor, så min lilla hjärna kom snabbt fram med svaret:

"Ni är ena riktiga gatanflickor!"

Det var inte riktigt vad de religiösa systrarna hade väntat sig den morgonen när de promenerade till kyrkan. Att bli kallade för gatflickor av en femåring! De blev visst förfärligt förolämpade, men de förstod ju inte hur barn fungerade.

Men det är en rolig historia att berätta.

KOKT KAFFE OCH KRAMAR

Är jag en bra eller usel trendspanare? Jag tror nämligen att kokt kaffe är så pass gammaldags och udda att det snart kommer att bli de ungas nya innedryck. Jag inbillar mig att de kommer att tillreda kokt kaffe på samma andäktiga sätt som de spelar LP-skivor nuförtiden. Vem kunde tro att de otympliga och opraktiska LP-skivorna skulle komma tillbaka?

Det finns få saker som man upplever så gammaldags som "kokt kaffe" och som luktar så gammaldags som just kokt kaffe. Själv har jag alltid föredragit bryggkaffe eller på senare år, caffe latte, men jag drack alltid gärna en kopp kokt kaffe som "Alice på landet" serverade.

På landet gick man till varandra på "kaffe" och det fanns oskrivna regler att man inte kastade sig över de mer exklusiva kakorna. Man grundade med "grovdoppat", vetebröd och sockerkakor innan man gav sig på de mer finare småkakorna. När man nästan var redo att gå hem kunde det dyka upp en maffig gräddtårta.

Hos Alice serverades kaffet i små tunna koppar som var så små och tunna att de gjorde mig nervös, men bönder med kraftiga nävar klarade av de delikata kopparna så det var bara att foga sig. Kaffet som serverades i dessa tunna delikata koppar var alltid kokt och tillagat efter en viss ritual.

Alice var en synnerligen fin och underbar människa och till Alice reser jag gärna tillbaka i tiden. Hon var vår närmsta granne på landet och den som inför varje helg gick över till vår stuga och satte på värmen så att det skulle vara varmt och skönt när vi kom ut. Hon skötte våra blommor som om de vore hennes egna. Hon gladde sig enormt när vår "kaktus" nattens Drottning blommade.

Hon hade vuxit upp under depressionen och gift sig med en vägarbetare. De skaffade sig en liten gård med några kor som Alice mjölkade. Diplomen från mejeriet hängde på rad.

På landet kramades man aldrig, men jag tänkte så här: om jag kramar min mamma, mina systrar och vänner, varför kan inte Alice få en kram hon också? Så vi började lite försiktigt och Alice blev väldigt förtjust. Lite förlägen och fnittrig, men otroligt glad.

"*I e dom enda som kramar mig*" sade hon och log så gott. Så Alice fick många kramar av oss innan det var dags att ta farväl för gott.

Ibland känns de kramar man pliktskyldigast delar ut lite ytliga.

Men kramarna till Alice -- de var något *helt* annat.

www.ingramcontent.com/pod-product-compliance
Lightning Source LLC
Chambersburg PA
CBHW031356040426
42444CB00005B/310